PPT로 함께 보는

한영
신구약 징검다리(중간사)

Viewing with PPT
O.T. & N.T.
The stepping stone bridge (Intertestamental Period)

PPT로 함께 보는
한영 신구약 징검다리(중간사)

Viewing with PPT
O.T. & N.T. The stepping stone bridge (Intertestamental Period)

초판 1쇄 발행 2023년 10월 29일

지 은 이 ㅣ 김연희·이종호 - Kim, Yun Hee·Lee, Jong Ho

펴 낸 곳 ㅣ OBI성경연구소 - OBI(Open Bible Institute)
주   소 ㅣ 경기도 남양주시 오남읍 진건오남로 912번길 38
이 메 일 ㅣ fortune1210@hanmail.net
홈페이지 ㅣ www.obi2010.org

Address ㅣ #38 912st Jingenonamway Namyangju city, Kyonggi province, South Korea
E-mail ㅣ fortune1210@hanmail.net
Homepage ㅣ www.obi2010.org

* 책이 필요하신 분은 OBI연구소로 연락바랍니다.
* If you need this book, Please contact the OBI Homepage.

ISBN 979-11-983156-0-1 03230

OBI성경연구소

PPT로 함께 보는

한영
신구약 징검다리(중간사)

Viewing with PPT
O.T. & N.T.
The stepping stone bridge (Intertestamental Period)

김연희 · 이종호 지음
Writer Kim, Yun Hee · Lee, Jong Ho

OBI성경연구소
OBI(Open Bible Institute)

하나님의 침묵에는 이유가 있습니다

대한예수교장로회(백석) 대표총회장
백석대학교 설립자·총장
장 종 현 목사

　구약성경의 마지막 선지자라 할 수 있는 말라기 선지자부터 세례요한의 등장 사이에는 400여 년이라는 시간이 존재합니다. 구약의 말라기를 읽고 신약의 마태복음을 펼친 독자는 순식간에 약 4세기를 뛰어넘은 셈입니다. 성경만으로는 이 기간에 일어난 일을 알 수 없습니다. 하나님께서는 말라기 선지자를 마지막으로 세례요한 전까지 자신의 백성을 향해 침묵하셨습니다. 이 400여 년의 시간을 신구약 중간사 혹은 중간기라고 부릅니다.

　우리 백석총회의 신학 정체성인 개혁주의생명신학의 핵심 가치는 '신학은 학문이 아니라 예수 그리스도의 생명의 복음이다'라는 외침에 분명하게 담겨 있습니다. 학문은 성경을 받쳐주는 도구와 수단이 되고, 성경을 더욱 깊이 이해하도록 돕는 역할을 할 때 정말 귀한 가치를 지니게 됩니다. 하지만 성경보다 이론과 연구 자체로 만족을 누리게 되고, 성경보다 학문을 앞세운다면 그것은 바른 신학함이라 할 수 없습니다. 이런 상황을 생각해 본다면 가장 위험한 연구 가운데 하나가 신구약 중간사 연구가 될 것입니다. 사실 신학을 연구하는 전문 신학자들에게도 신구약 중간사를 연구하는 일은 쉬운 일이 아닙니다. 자료가 제

Representative President
of The Presbyterian Church
in Korea(Baekseok)

President of Baekseok University

Rev. Chang, Jong Hyun

There is a reason for God's silence

There are more than 400 years between Malachi, the last prophet of the Old Testament, and John the Baptist. Readers who read Malachi in the Old Testament and immediately read the Gospel of Matthew in the New Testament are like over four centuries in no time. The Bible alone cannot understand what happened during this period. After God sent the prophet Malachi for the last time, he was silent to his people until he sent John the Baptist. This 400 years of time is called the New Old Testament Intertestamental History or the Intertestamental Period.

The core value of Reformed Life Theology, the identity of theology in the General Assembly of the Presbyterian Church in Korea(PCK: Baekseok) is included in the cry that "Theology is not a study but a gospel of life of Jesus Christ." Theology becomes a tool and means to support the Bible, and it is of great value when it plays a role in helping people understand the Bible more deeply. However, if you are satisfied with the theory and research itself rather than the Bible

한적이며 있는 자료 조차도 불확실한 내용이 많아서 실제로 공통된 의견 일치를 보기 어렵기 때문입니다.

그럼에도 이 책이 빛을 발하는 것은 이론 연구 자체에 목적이 있는 것이 아니라 모든 인류를 구원하시기 위해 하늘 영광 보좌를 비워 두고 이 땅에 오신 예수 그리스도의 복음을 더욱 선명하게 이해하도록 돕기 위해 출간 되었다는 사실입니다. 목회 현장에서 오랫동안 말씀을 선포하시면서 겪었던 어려움을 후배 목회자들과 토론하고 연구하여 영광스러운 복음의 빛을 더욱 밝히 드러내기 위해 혼신의 힘을 다하신 김연희 목사님과 이종호 목사님, 그리고 OBI성경연구소에서 함께 수고한 목사님들의 열정에 응원과 격려의 말씀을 드리며, 『PPT로 함께 보는 신구약 징검다리』라는 귀한 저서를 출간하게 되신 것을 진심으로 축하드립니다. 평생을 목회하면서 오직 목양일념의 정신으로 생명의 복음을 선포해 오신 목사님들의 수고가 있었기에 후배들은 좀 더 편하게 신약성경을 깊이 있는 말씀으로 선포할 수 있게 된 것이라 확신합니다.

하나님께서 침묵하신 400여년의 시간, 이스라엘의 입장에서는 암울한 시기라고 말할 수 있지만 역사를 주관하시는 하나님의 입장에서 보면 예수 그리스도를 통해 생명을 주시는 복음의 능력을 준비하시는 과정이었으며, 구약에서 약속하신 메시아를 보내셔서 성전 회복, 예수님의 성육신과 공생애를 통해 친히 우리와 함께하시는 '임마누엘' 하나님을 경험하도록 하시는 치유와 회복의 시간이었습니다.

and put learning before the Bible, it is not the right theology. If we think the these circumstances, one of the most dangerous studies will be the study of the Intertestamental Period. Indeed it is not easy even for professional theologians who study theology to study the Intertestamental Period. This is because even data with limited data have a lot of uncertain content, making it difficult to reach a common consensus.

Nevertheless, this book shines not because of the purpose of theoretical research itself, but because it was published to help us understand the gospel of Jesus Christ who came to this land more clearly by leaving the glorious throne of heaven empty to save all mankind. Congratulations on publishing a valuable book called 'The Bridge of the Old and New Testament Together in PPT' by cheering and encouraging Pastor Kim Yeon-hee, Pastor Lee Jong-ho, and other pastors who worked hard together at the Open Bible Institute(OBI). I am sure that the junior pastors have been able to proclaim the New Testament more easily as in-depth words because of the hard work of senior pastors who have been preaching the gospel of life only in the spirit of the single mind of sheep raising while taking the spiritual care of a congregation of Christians.

The 400 years of God's silence can be said to be a grim time for Israel, but from God's point of view of history, it was a process of preparing the gospel's ability to give life through Jesus Christ, and it was a time

어둠이 깊어질수록 빛은 더욱 찬란하게 빛나는 것처럼, 중간사의 400년의 침묵은 생명의 빛 되신 예수 그리스도를 더욱 갈망하게 했고, 율법을 넘어서는 십자가 은혜를 이해할 수 있는 토대를 만들었으며, 구약성경의 헬라어 번역을 통해 전 세계로 복음이 확산 되는 기반을 구축할 수 있었습니다.

한국 사회 전체가 암울한 현실에 주눅 들지 말고, '은총의 기다림'은 반드시 빛나는 생명의 역사로 이어졌다는 사실을 기억하고, 힘들고 어려운 상황에서도 말씀을 연구하는 일에 최선을 다하여 한국교회가 새로운 비전과 열정으로 부흥하게 되기를 간절히 소망합니다.

바쁘신 가운데서도 말씀과 기도로 항상 성령 충만하여 성경 연구에 정진하시는 목사님들의 수고와 헌신에 깊은 감동과 도전을 받습니다. 앞으로도 선후배 목회자들 간에 좋은 관계가 지속되기를 바라며, 섬기시는 교회에 선한 영향력으로 나타나기를 기원합니다. 모쪼록 이번 저서의 출간을 통해 성도들에게 예수 그리스도의 생명의 복음이 더욱 확실하게 다가갈 수 있기를 기대하는 마음으로 귀한 저서의 일독을 추천합니다.

of healing and recovery that sent the messiah promised in the Old Testament to experience the restoration of the temple, the incarnation of Jesus, and the God of Immanuel, who is with us through his public life.

Just as light shines more brilliantly as darkness deepens, the 400 years of silence in the Intertestamental Period eager Jesus Christ, the light of life, it laid the foundation for understanding the grace of the cross beyond the law, and the gospel to spread around the world through translation of Greek of the Old Testament.

I hope that the whole Korean society and Korean churches are to remember that they do not fear in dark reality and that waiting for grace has led to the history of shining life. Even though we have many hard and difficult situations, I sincerely hope that the Korean churches will revive with a new vision and passion by doing my best to study the words of God.

Despite the Pastor's busy schedules, I am deeply moved and challenged by the hardships and dedication of pastors who are always filled with the Holy Spirit and devoted to Bible research. I hope there will be a good relationship between senior and junior pastors in the future, and I hope that volunteer activities will positively impact the church. Through the publication of this book, I hope that the gospel of Jesus Christ's life will be closer to the saints, and I recommend you to read a precious book.

목차

Contents

여는 글

하나님의 이상한 침묵(1)

주 예수께서 탄생하신 곳이 이스라엘 베들레헴이라는 것을 모르는 사람은 거의 없을 거예요. 하나님께서는 인류를 구원하실 구주를 구유에서 탄생하게 하셨네요. 우리를 위해 구원의 놀라운 일을 행하신 하나님, 대단하세요!

그런데 좀 이상하지 않나요?

메시아라고도 하고, 인류의 구주라고 하시는 분이 왜 하필이면 구유에 탄생하셨을까요?

게다가 더 이상한 건 말이죠. 당시 헤롯 왕은 예수를 찾아 죽이려고 어린 생명들을 학살하기까지 했다고 하잖아요?

하나님의 침묵…

도대체 이건 무슨 일이래요? 어떻게 그런 일이 있을 수 있었을까요? 이 상황에서 하나님은 왜 침묵하시고 계시죠?

얼핏 보기에 이 복잡하고 힘들었던 시기를 신구약 중간사라고 한답니다. 구약 성경이 끝나고 예수께서 오시기까지의 시간을 말하지요. 흔히 중간사를 어두움의 시간이라고 합니다. 반면 예수의 오심은 구원의 새벽이 밝아오는 때라고 할 수 있습니다. 그만큼 중간사 기간의 이스라엘 역사는 쉽게 흐르지 않았습니다.

Introduction

The Mysterious Silence of God(1)

Few people don't know that the Lord Jesus was born in Bethlehem, Israel. God made the Savior who would save mankind to be born in a manger. God who has done the wonderful work of salvation for us, is awesome!

But isn't that strange a bit?

Why did the Messiah, or who is called to be the Savior of mankind, be born in a manger? Furthermore, what's even more weird is that, at that time, King Herod even slaughtered babies to find and kill Jesus.

The silence of God ⋯

What, in the hell, is going on here? How could that be? Why God was silent in this situation?

At first glance, this complicated and difficult period is called the Intertestamental Period.

The time between the end of the Old Testament and the coming of Jesus is called the intertestamental period. It is often said that the intertestamental period is a time of darkness. On the other hand, the coming of Jesus can be said to be the dawn of salvation. As such, the history of Israel during the intertestamental period did not flow easily.

하나님의 이상한 침묵(2)

　이스라엘은 예수 탄생 이전 약 400년의 세월 동안 하나님의 긴 침묵을 견뎌내야만 했습니다. 이 기간 동안에는 이스라엘에 더 이상 선지자가 나타나지 않았습니다. 하나님의 말씀이 없었던 것이죠. 동시에 정치, 사회, 종교적으로 큰 혼란과 변화가 있었습니다. 그래서 이 때를 '어두움의 시기', 즉 '암흑기'로 볼 수 있는 것입니다. 하지만 다른 시각으로도 접근할 수 있는데, 구속사의 입장으로 접근한다면 이 시간은 예수의 오심을 기다리는 '은총의 시간, 은총의 기다림'으로 표현할 수 있습니다. 마치 어두움의 시간이 지난 후에 자연스럽게 새벽이 찾아 오듯 우리를 구원하시기 위해 이 땅에 찾아오신 메시아(예수)의 오심이 준비되는 시기였기 때문입니다. 신구약 중간사란 이처럼 주 예수의 초림을 하나님께서 준비하시는 매우 중요한 침묵의 시기를 가리킵니다.

　신구약 중간사의 기간에 대해 모든 사람이 같은 견해를 갖는 것은 아닙니다. 시작과 끝을 어디에 두는가에 따라 기간은 달라집니다. 보편적으로는 선지자들의 활동이 사라지고 예수께서 탄생하시기 전까지의 기간인 400년을 말하며 이 책 역시 그 줄기를 따라가고 있습니다.

　자, 함께 그 세계로 들어가 보실까요?

The Mysterious Silence of God(2)

Israel had to endure the long silence of God for about 400 years before the birth of Jesus. During that time, there were no more prophets in Israel. There was no word of God. At the same time, there was great political, social, and religious turmoil and changes. Therefore, this time could be seen as a period of darkness. However, it can be approached from a different perspective, but if you approach it from the perspective of atonement history(the history of redemption), this time can be expressed as a "Time of Grace, Waiting for Grace" waiting for Jesus to come. Because it was the time of preparation when the Messiah(Jesus), came to this land to save us, as if the dawn naturally came after the time of darkness. The intertestamental period refers to the period of very important silence that God prepares for the coming of the Lord Jesus.

Not everyone shares the same view of the intertestamental period. It will be a different period, which depends on where you put the beginning and end. Generally speaking, it refers to 400 years before the activities of the prophets disappeared and Jesus was born, and this book also follows that trend.

Let's go to the world together!

● 침묵이 낳은 복음의 씨앗들

디아스포라	— 회당	→ 전도
그리스 지배	— 헬라어 보급	→ 70인역 성경
로마 세력	— 건축 · 도로	→ 이방인 구원
정치	— 혼란 · 탄압	→ 하나님 나라 소망
종교	— 정체성 상실	→ 메시아 대망

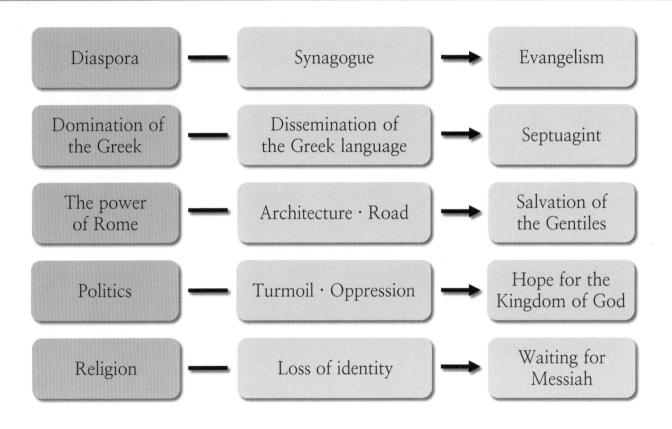

The Seeds of the Gospel Born in Silence

Diaspora	Synagogue	Evangelism
Domination of the Greek	Dissemination of the Greek language	Septuagint
The power of Rome	Architecture · Road	Salvation of the Gentiles
Politics	Turmoil · Oppression	Hope for the Kingdom of God
Religion	Loss of identity	Waiting for Messiah

샤를 르 브룅(1619-1690)의 <다리우스의 천막-알렉산더 대왕에게 자비를 구하고 있는 다리오 3세 왕의 가족들>, 1661년, 베르사유 궁전 소장.

I. 근동지역의 혼란
The turmoil in the Near East

어휴! 난리네 난리!

아니! 뭐라고?

예루살렘의 번제 제단 위에 올림피아 제우스 신의 제단이 세워졌다고?

예. 이건 실제로 일어난 사건이랍니다.

율법에 충실한 사람이라면 절대 용납할 수 없는 일이겠죠?

그래서 그 유명한 마카비 혁명이 일어났습니다.

이처럼 신구약 중간사는 이스라엘 민족에게 있어서

엄청난 혼란과 어려움을 겪은 시대였습니다.

Oh, My God! What A Fuss!

No! What?

Was An altar to the god Olympian Zeus built over the altar of burnt offering in Jerusalem?

Yes. This is an actual event that happened.

This was absolutely unacceptable to anyone faithful to the law, right?

So The famous Maccabean Revolution happened.

In this way, The intertestamental period was a time of great turmoil and difficulty for the nation of Israel.

샤를 르 브룅(1619-1690)의 <알렉산더 대왕의 바빌론 입성>, 1665년, 루브르 박물관 소장.

1. 제국들의 등장
The Rise of Empires

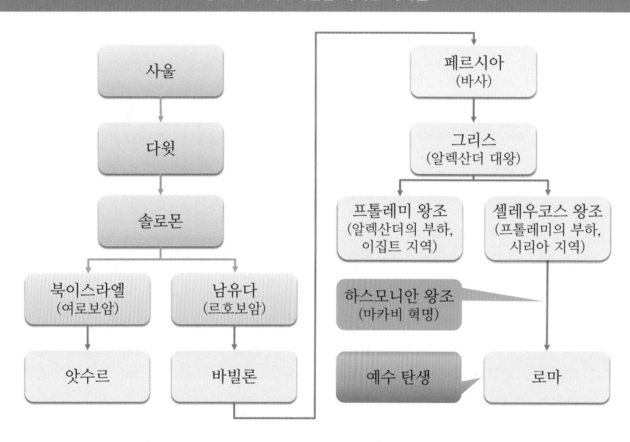

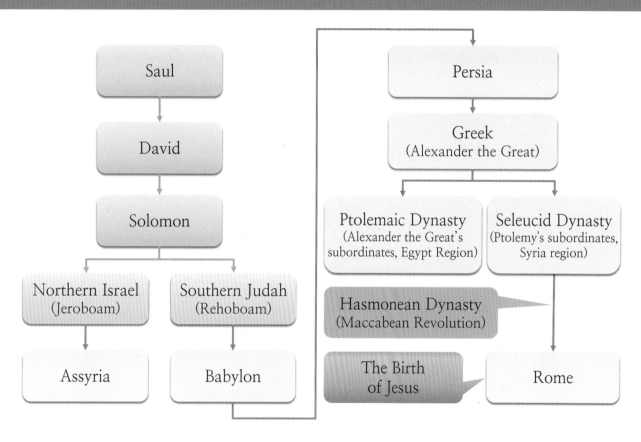

이스라엘에 영향을 미친 국가들

국가	기간	주요 인물과 사건
앗수르	B.C. 883-612	사르곤2세: 사마리아성과 북 왕국 이스라엘을 멸망시킴 산헤립: 천사들에 의해 그의 군대가 패배함(히스기야왕)
바빌론	B.C. 612-539	느브갓네살: 예루살렘과 유다 왕국을 멸망시킴 벨사살: 메데, 바사에게 멸망됨
페르시아 (바사)	B.C. 539-331	고레스: 1차 포로 귀환(스룹바벨) 아닥사스다 1세: 2차 포로귀환(에스라), 3차 포로귀환(느헤미야)
헬라	B.C. 331-167	알렉산더 대왕: 대서양을 정복함 안티오쿠스 에피파네스: 성전을 더럽힘
이스라엘	B.C. 167-63	하스모니안 왕조: 마카비 혁명으로 하스모니안 왕조가 시작됨
로마	B.C. 63-A.D. 500	아구스도가이사: 그리스도의 탄생 디베리우스가이사: 그리스도가 십자가에 못박힘

Countries that have influenced Israel

Country	Period	Main people and Events
Assyria	B.C. 883-612	Sargon II: Destroyed the Samaritan City and the Northern Kingdom of Israel Sennacherib: Defeating by angels(King Hezekiah)
Babylon	B.C. 612-539	Nebuchadnezzar: Destroyed Jerusalem and the kingdom of Judah Belshazzar: Destroyed by Mede, Persia
Persia	B.C. 539-331	Cyrus: 1st Return of Captivity(Zerubbabel) Artaxerxes I: 2nd return to exile(Ezra), 3rd return to exile(Nehemiah)
Greek	B.C. 331-167	Alexander the Great: Conquering the Atlantic Antiochus Epiphanes: Desecrating the Temple
Israel	B.C. 167-63	The Hasmonean Dynasty: The Maccabean Revolution begins the Hasmonean Dynasty
Rome	B.C. 63-A.D. 500	Augusto Caesar: The Birth of Christ Tiberius Caesar: Christ was crucified

(1) 바빌론 - 뜨는 해, 바빌론 제국

 역사란 국가와 인간의 흥망성쇠를 기록한 것이라고 할 수 있습니다. 성경에서 북이스라엘을 멸망시킨 앗수르가 조금씩 힘을 잃어가고 바빌론이라는 국가가 새롭게 부상하던 시기가 있었습니다. 이러한 바빌론제국을 다스렸던 역대 왕들과 그들이 등장한 성경의 사건을 일목요연하게 살펴보겠습니다.

 바빌론제국은 니므롯이 세운 여러 도시들 가운데 한 곳입니다(창 10:10, 11:1~9). 바그다드 남쪽 50km 지점 유브라데 강변에 위치한 성읍인데, 이 성읍을 중심으로 바빌론제국이 건설되었습니다. 우르의 제3대 술기왕이 B.C. 2000년대 후반기에 바빌론을 점령하여 그 후계자들이 지배하다가, 아모리 왕조가 도시를 전복시키고 바빌론 제1왕조(고대 바빌론)를 열게 된 것이 기원입니다. 이 바빌론제국의 제1왕조에서 가장 유명한 왕은 6대 왕인 함무라비인데, 그는 중앙 집권 국가를 건설하여 행정 조직을 정비하고 종교적인 봉건제를 실시하며 운하를 개통하는 과정에서 고대 바빌론제국의 황금시대를 이루었으며, 사회 질서를 유지하고 경제적 정의를 실현하기 위해 '함무라비법전'을 제정하였습니다.

(1) The Babylonia - The Rising Sun, the Babylonian Empire

It can be said that history is a record of the rise and fall of nations and people. In the Bible, there was a time when Assyria, which had destroyed northern Israel, was gradually losing its power and the new nation of Babylon was emerging. Let's take a look at the kings who ruled over the Babylonian Empire and the biblical events in which they appeared. The Babylonian Empire is one of the many cities founded by Nimrod(Genesis 10:10, 11:1-9). It's a town 50 kilometers from the south of Baghdad on the Trans-Euphrates River, where the Babylonian Empire was built around it. After the second king of the Third Dynasty of Ur captured Babylon in the late B.C. 2000s, his successors ruled, and the Amorite overthrew the city and opened up the First Dynasty of Babylon.

The most famous king in the first dynasty of the Babylonian Empire was Hammurabi, the sixth king, who established the central government, organized administrative structures, organized religious feudalism, opened the canal, and enacted 'The Hammurabi Code' to maintain social order and achieve economic justice.

바빌론 제국의 역대 왕(1)

바빌론왕	중요 사건	성경구절
나보폴라사르 (B.C. 626~605)	1. 메대 왕 키악사레스(B.C.626에 바빌론을 점령한 갈대아 족장)와 동맹 2. B.C.612에 니느웨를 정복 3. 요시야의 죽음(므깃도)	왕하 23:28~30
느부갓네살 (B.C. 605~562)	1. 1차 침입(B.C. 605): 1차 포로 ① 여호야김 왕과 다니엘 포함 유대인들 잡아감 ② 다니엘의 세친구(사드락, 메삭, 아벳느고)를 풀무불에 넣음 2. 2차 침입(B.C. 597): 2차 포로 ① 여호야긴 왕과 에스겔 포함 많은 포로를 잡아감 3. 3차 침입(B.C. 586): 3차 포로 ① 시드기야 왕이 보는 앞에서 아들을 죽이고 시드기야 왕의 두 눈을 뽑음	왕하 24:1 단 3장 왕하 24:5-17 왕하 25:1-7

Successive Kings of the Babylonian Empire(1)

Kings	Main events	Bible Verses
Nabopolassar (B.C. 626~605)	1. Allying with Cyaxares, king of the Medes (who captured Babylon in 626 B.C. Chaldean chieftains) 2. Conquering Nineveh in 612 B.C. 3. The Death of Josiah(Megiddo)	2 Kings 23:28~30
Nebuchadnezzar (B.C. 605~562)	1. First Invasion(605 B.C.): 1st captivity ① Taking King Jehoiakim and the Jews, including Daniel as prisoner ② Putting Daniel's three friends(Shadrach, Meshach, and Abednego) into the furnace 2. Second Invasion(597 B.C.): 2nd captivity ① Taking King Jehoiachin and Ezekiel with many captives 3. Third Invasion(586 B.C.): 3rd captivity ① Killing his son in front of King Zedekiah and Gouging out his eyes.	2 Kings 24:1 Daniel chap.3 2 Kings 24:5-17 2 Kings 25:1-7

바빌론 제국의 역대 왕(2)

바빌론왕	중요 사건	성경구절
에윌므로닥 (B.C. 562~560)	1. 느부갓네살의 아들 2. 유다 왕 여호야긴을 석방	왕하 25:27~30
네르갈사레셀 (B.C. 560~556)	1. 처남인 에윌므로닥을 살해 후 왕이 됨 (느브갓네살의 사위) 2. 예루살렘의 마지막 포위 공격 참여함	렘 39:3
라바시 마르둑 (B.C. 556)	1. 네르갈사레셀의 아들 2. 왕위에 오른지 9개월 만에 음모단에 의해 폐위 3. 나보니두스에게 제거됨	렘 39:3
나보니두스와 그의 아들 벨사살 (B.C. 556~539)	1. 아들 벨사살에게 통치권을 넘기고 남방 확보를 위해 아라비아에 위치한 테마 점령(B.C. 553) 2. 바빌론에는 가지 않고 아들에게 국사를 맡김 3. 고레스왕에게 항복(B.C. 539) ※ 메네 메네 데겔 우바르신(단 5:25)	단 5장

Successive Kings of the Babylonian Empire(2)

Kings	Main events	Bible Verses
Evil-Merodach (B.C. 562~560)	1. Son of Nebuchadnezzar 2. Release of Jehoiachin, king of Judah	2 Kings 25:27~30
Nergalsarezer (B.C. 560~556)	1. Becoming king after murdering his brother in-law, Evil-Merodach(Nebuchadnezzar's son-in-law) 2. Participated in the final siege of Jerusalem	Jeremiah 39:3
Labash Marduk (B.C. 556)	1. Son of Nergalsarezer 2. Deposed by a conspiracy group nine months after ascending the throne 3. Eliminated by Nabonidus	Jeremiah 39:3
Nabonidus and His son, Belshazzar (B.C. 556~539)	1. After handing over the reign to his son, Belshazzar, Conquering in Tayma, Arabia to secure the south(553 B.C.) 2. He did not go to Babylon but entrusted the affairs of the state to his son 3. Surrender to King Cyrus(539 B.C.) ※ Mene, Mene, Tekel, Parsin(Dan. 5:25)	Daniel Chap. 5

(2) 페르시아(바사) - 페르시아의 왕들

페르시아(바사)의 왕들은 성경의 역사서와 소선지서에서 등장하는데 고레스, 다리오, 아하수에로, 아닥사스다 등이 있습니다. 그리고 그 왕들의 단순한 이름보다는 성경 속에서 어떤 역할을 담당했는지를 알아가는 것이 중요합니다. 페르시아 제국의 역대 왕들을 살펴보고, 그들의 역할과 그들이 끼친 영향력 및 영적 의미를 세부적으로 살펴보겠습니다.

페르시아는 구약성경 39권 중 총 7권과 관련이 있습니다. 즉 페르시아의 역대 왕들을 공부한다는 것은 구약의 맥을 잡는 데 아주 중요한 과제라고 할 수 있습니다. 다니엘은 바빌론과 페르시아 두 국가 모두에서 인정받는 뛰어난 정치가이자 행정가입니다. 또한 이 시기에 총 세 차례에 걸쳐 이스라엘 백성이 귀환합니다.

이러한 상황 속에서 페르시아의 왕들과 관련한 중요 사건들을 살펴보는 것은 성경을 이해하는 데 매우 큰 도움이 됩니다. 이러한 성경적 사건을 페르시아의 각 왕들을 통해 더욱 자세히 살펴보겠습니다.

(2) The Persian Empire - Kings of Persia

The kings of Persia appear in the historical books and the minor prophets of the bible, including Cyrus, Darius, Ahasuerus, and Artaxerxes. And it's important to know more about the kings' roles in the Bible, rather than just their names. Let's take a look at the kings of the Persian Empire and examine in detail their roles, influences, and spiritual significance.

Persia is associated with a total of 7 of the 39 books of the Old Testament. In other words, studying the kings of Persia is a very important task in grasping the context of the Old Testament. Daniel was an outstanding statesman and administrator, recognized in both Babylon and Persia. There are also three times during this time when the Israelites return.

In this context, a review of important events involving the kings of Persia is very helpful in understanding the Bible. Let's take a closer look at these biblical events through each of the Persian kings.

(2) 페르시아(바사) - 두 명의 다리오

페르시아에는 두 명의 다리오 왕이 등장합니다. 한 명은 고레스의 외삼촌인 다리오이고, 다른 한 명은 에스더의 시아버지인 다리오입니다. 두 명의 다리오에 대해 자세한 지식을 가질 때 다니엘서와 에스라서의 성경을 잘 정리하여 이해할 수 있습니다. 고레스의 외삼촌인 다리오와 에스더의 시아버지인 다리오가 어떤 사람이었고 어떤 일을 했는지 살펴볼까요?

(2) The Persian Empire - Two Kings Of Darius

There were two kings of Darius in Persia. One is Darius, Cyrus' maternal uncle, and the other is Darius, Esther's father-in-law. When you have a detailed knowledge of the two Darius, you can understand the Scriptures of Daniel and Ezra in a well-organized way. Let's take a look at who Cyrus' maternal uncle Darius and Esther's father-in-law, Darius, were and what they did.

(2) 페르시아(바사) - 다니엘서에 등장하는 다리오 왕

다니엘 6장과 9장에 등장하는 다리오는 다니엘을 사자굴에 넣은 왕이며(단 6:16), 메데 사람으로 바빌론 마지막 왕인 벨사살의 뒤를 이어, 주전 538년에서 536년까지 약 2년간 페르시아를 다스렸습니다.(단 9:1, 11:1).

고레스의 장인이자 삼촌인 다리오왕은 다니엘서에서만 언급되어 있습니다. 세계사에는 나타나지 않는 이 다리오왕이 구체적으로 누구인가에 대해서는 여러 견해들이 있습니다. 그중 유력한 견해로는 바빌론을 멸망시킨 바사왕 고레스가 바빌론 통치를 위해 파견한 총독으로, 다음의 인물이라는 견해들이 있습니다.

'고레스의 장인이자 메대 군주인 키악사레스 2세', '고레스의 또 다른 이름', '고브리아스(고레스에게 투항한 바빌론 장군)', '구바루(고레스가 파견한 총독)'

이 책에서는 많은 신학자가 동의하는 첫 번째 견해를 유력하다고 보고 있습니다.

(2) The Persian Empire - King Darius in the Book of Daniel

Darius was mentioned in Daniel chapters 6 and 9. He was the king who put Daniel in the lions' den(Dan. 6:16), The Mede who ruled Persia for about two years, from 538 to 536 B.C., succeeding Belshazzar, the last king of Babylon.(Daniel 9:1, 11:1).

Cyrus' father-in-law and uncle, King Darius, is mentioned only in the Book of Daniel. There are various opinions as to who exactly this King Darius, who does not appear in world history, was. Some of the most powerful views are that Cyrus king of Persia, who destroyed Babylon, was the governor who was sent to rule Babylon, and he was the following figure.

① 'Cyaxares II, the father-in-law of Cyrus king of Babylon and the king of Mede,'

② 'Another name of Cyrus,'

③ 'Gobryas(General Babylon who surrendered to Cyrus)'

④ 'Gubaru(Governor dispatched by Cyrus)'

This book sees the first view that many theologians agree with as strong.

페르시아 제국의 역대 왕(1)

페르시아왕	중요 사건	성경구절
고레스 (B.C. 559-530)	1. 다니엘의 사자굴 사건(다리오왕, B.C. 537) 2. 제1차 포로귀환(B.C 537) 3. 성전 재건(B.C 536) 4. 성전 공사 중단(B.C 536)	다니엘 6:1-28, 10:1 에스라 1:1-38, 4:1-5:24, 4:6-24
캄비세스(자살) (B.C. 530-520)	1. 애굽 정복(B.C 525) 2. 성전 공사: 16년간 중단	에스라 7:1-7 느헤미야 1:1, 2:1-10 말라기 3:7-4:6
스메르디스		
다리오 (B.C. 521-485)	1. 성전 공사 재개(B.C 520) 2. 스룹바벨 성전 완공(B.C 516) 　(학개, 스가랴 예언) 3. 마라톤전쟁에서 패함(B.C 490)	에스라 6:1-12, 6:15 학개 1-2 스가랴 6:9-15

Successive kings of the Persian Empire(1)

Kings	Main events	Bible Verses
Cyrus (B.C. 559-530)	1. The Case of Daniel's Lion Cave(King Darius, 537 B.C.) 2. 1st Return of Captives(537 B.C.) 3. Rebuilding the Temple(536 B.C.) 4. Halting of temple construction(536 B.C.)	Daniel 6:1-28, 10:1 Ezra 1:1-38, 4:1-5:24, 4:6-24
Cambyses(suicide) (B.C. 530-520)	1. Conquest of Egypt(525 B.C.) 2. Temple construction: suspended for 16 years	Ezra 7:1-7 Nehemiah 1:1, 2:1-10 Malachi 3:7-4:6
Smerdis		
Darius (B.C. 521-485)	1. Resumption of temple construction work(520 B.C.) 2. Completion of the Temple of Zerubbabel(516 B.C.) (Prophecy of Haggai and Zechariah) 3. Lost at the Battle of Marathon(490 B.C.)	Ezra 6:1-12, 6:15 Haggai 1-2 Zechariah 6:9-15

페르시아 제국의 역대 왕(2)

페르시아왕	중요 사건	성경구절
아하수에로 (B.C. 485-465)	1. 그리스와 국가전쟁(B.C 480) 2. 살라미 해전에서 대패(B.C 479) 3. 에스더 왕비 간택(B.C 479) 4. 부림절 제정(B.C 473)	에스더 1:1 에스더 2:16 에스더 9:20
아닥사스다1세 (B.C. 464-424)	1. 제2차포로귀환(B.C.458): 에스라 인도 2. 제3차포로귀환(B.C.444): 느헤미야 인도 3. 말라기 선지자(십일조, 신앙회복)	에스라 7:1-7 느헤미야 1:1 느헤미야 2:1-10 말라기 3:7-4:6
아리우스		
아닥사스다2세 아닥사스다3세 아르소, 다리오3세	B.C.404-359 B.C.359-338 B.C.338-336 페르시아 멸망(알렉산더에게 멸망)	

Successive kings of the Persian Empire(2)

Kings	Main events	Bible Verses
Xerxes (B.C. 485-465)	1. Making war against the Greeks(480 B.C.) 2. Defeating at the Battle of Salamis 3. Selected Queen Esther(479 B.C.) 4. Establishment of Purim(473 B.C.)	Esther 1:1 Esther 2:16 Esther 9:20
Artaxerxes I (B.C. 464-424)	1. 2nd captivity Return(458 B.C.): commanded by Ezra 2. 3rd captivity Return(444 B.C.): commanded by Nehemiah 3. The Prophet Malachi(Tithing, Restoration of faith)	Ezra 7:1-7 Nehemiah 1:1 Nehemiah 2:1-10 Malachi 3:7-4:6
Arius		
Artaxerxes II Artaxerxes III Arso Darius III	B.C.404-359 B.C.359-338 B.C.338-336 The Fall of Persia(destroyed by Alexander the Great)	

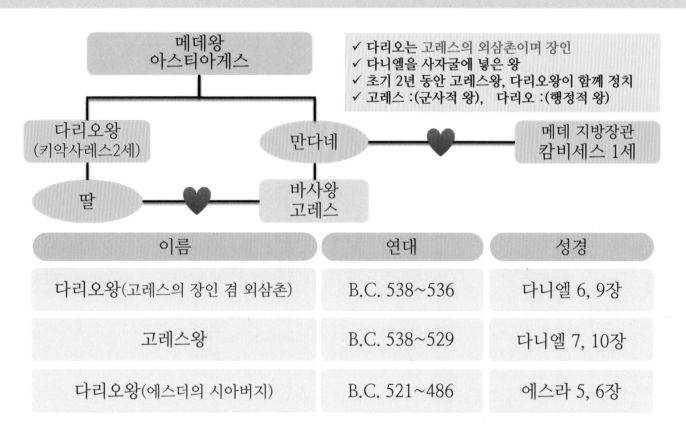

● 다리오왕과 고레스왕의 관계

메데왕
아스티아게스

✓ 다리오는 고레스의 외삼촌이며 장인
✓ 다니엘을 사자굴에 넣은 왕
✓ 초기 2년 동안 고레스왕, 다리오왕이 함께 정치
✓ 고레스 :(군사적 왕),   다리오 :(행정적 왕)

다리오왕
(키악사레스2세)

만다네

메데 지방장관
캄비세스 1세

딸

바사왕
고레스

이름	연대	성경
다리오왕(고레스의 장인 겸 외삼촌)	B.C. 538~536	다니엘 6, 9장
고레스왕	B.C. 538~529	다니엘 7, 10장
다리오왕(에스더의 시아버지)	B.C. 521~486	에스라 5, 6장

● Relationship between King Darius and King Cyrus

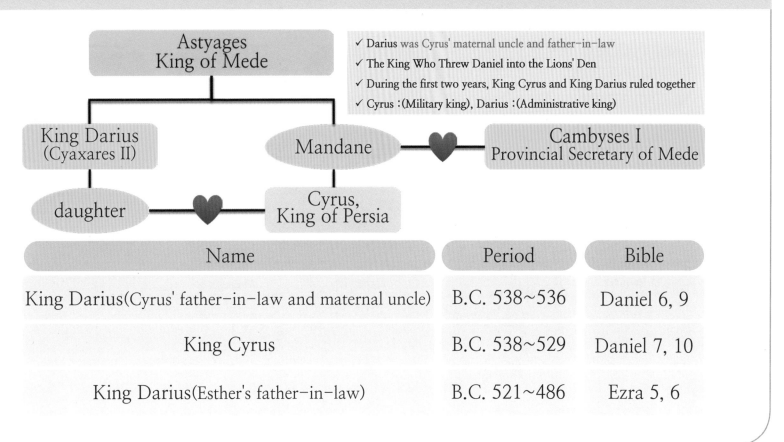

Astyages
King of Mede

✓ **Darius** was Cyrus' maternal uncle and father-in-law
✓ The King Who Threw Daniel into the Lions' Den
✓ During the first two years, King Cyrus and King Darius ruled together
✓ Cyrus :(Military king), Darius :(Administrative king)

King Darius
(Cyaxares II)

Mandane

Cambyses I
Provincial Secretary of Mede

daughter

Cyrus,
King of Persia

Name	Period	Bible
King Darius(Cyrus' father-in-law and maternal uncle)	B.C. 538~536	Daniel 6, 9
King Cyrus	B.C. 538~529	Daniel 7, 10
King Darius(Esther's father-in-law)	B.C. 521~486	Ezra 5, 6

● 포로귀환 역사

에스라 (1-6장)		에스라 (7-10장)	느헤미야 (1-7장)	느헤미야 (8-13장)
	에스더			
1차 포로귀환 스룹바벨 성전재건	아하수에로의 왕비 하만 vs. 모르드개 부림절	2차 포로귀환 에스라 영적개혁	3차 포로귀환 느헤미야 성벽건축	영적개혁

● History of The Return of Captivity of War

Ezra (Chap. 1–6)

1st captivity Return

Zerubbabel

Rebuilding of the Temple

Esther

Queen Esther of King Xerxes

Haman vs. Mordecai

The Feast of Purim

Ezra (Chap. 7–10)

2nd captivity Return

Ezra

Spiritual Reformation

Nehemiah (Chap. 1–7)

3rd captivity Return

Nehemiah

Construction of the Walls

Nehemiah (Chap.8–13)

Spiritual Reformation

(3) 그리스 - 그리스의 영향력

신약성경의 예수 공생애 및 초대교회의 정치적 상황은 로마 지배 시대입니다. 로마는 역사, 문화, 종교적으로도 결정적인 역할을 한 나라가 분명하지요. 그런데 이 로마가 있기까지 사실상 중요한 몫을 담당한 나라는 바로 그리스입니다. 대부분의 역사학자들이 고대 그리스를 서구 문명의 시발점이라고 여길 정도이니까요. 즉, 그리스에서 시작한 문명이 로마 제국을 통하여 유럽 전역, 그리고 이스라엘에까지 강력한 영향력을 미친 것이라고 보면 되겠습니다. 그 중심에 있는 사람이 바로 알렉산더 대왕입니다.

알렉산더는 페르시아 제국을 멸망시킨 장본인으로서 그리스를 포함한 대제국을 이룬 왕입니다. 왕으로서의 재위 기간 동안에 끊임없는 정복 활동을 통해 그리스와 이집트, 인도 북서부를 잇는 대제국을 완성하였습니다. 뜻밖에 33살이 채 못되어 사망한(B.C. 323) 왕이지만 학문과 문화, 철학에 일찍 눈을 뜬 알렉산더였기에 그가 인류에 남긴 유산은 매우 큰 의미가 있는 것이라 할 수 있습니다. 많은 나라를 원정하고 정복한 알렉산더는 전쟁으로 승리한 국가의 종교와 문화를 수용하면서 교류하여 헬라 문화를 만들어 나갔습니다. 특히 그로 인해 여러 지역에 헬레니즘이 전파된 것은 중간사에서 여러 면으로 중요합니다.

(3) The Greek Empire - Influence of the Greek Empire

The public life of Jesus in the New Testament and the political situation of the early church were during the period of Roman domination. It is certainly a country that has played a decisive role in the history and politics and religion of Rome. However, it was Greece that actually played an important role in the creation of Rome. Most historians consider ancient Greece to be the birthplace of Western civilization. In other words, the civilization that began in Greece had a powerful influence on all of Europe and Israel through the Roman Empire. The man at the center of it all is Alexander the Great.

Alexander the Great was responsible for the destruction of the Persian Empire and was the king of a great empire that included Greece. During his reign as king, he completed a great empire that encompassed Greece, Egypt, and northwestern India through his relentless conquests. Although he died unexpectedly at the age of 33(323 B.C.), Alexander the Great had an early awakening to learning, culture, and philosophy, and his legacy to humanity is of great significance. Alexander the Great, who campaigned and conquered many countries, embraced and exchanged the religions and cultures of the victorious nations to create Greek culture. In particular, the subsequent spread of Hellenism to various regions is significant in many ways in the intertestamental period.

(3) 그리스 - 패권이 알렉산더에게로 넘어감

인류 문화에 위대한 업적을 남긴 알렉산더 대왕에 대해 간략하나마 좀 더 살펴볼까요?

알렉산더는 페르시아(바사)의 마지막 왕인 다리우스 3세와 같은 시기에 왕으로 등극하였습니다. 특히 그는 철학자 아리스토텔레스에게 교육을 받았는데 이것이 그의 사상에 절대적으로 중요한 위치를 차지하게 된 것이지요. 결국 그는 온 세상을 헬라화 하려는 분명한 꿈을 품고 열정적으로 세상을 정복해 나갔던 사람이 되었습니다.

알렉산더는 B.C. 333년에 이수스 전투에서 페르시아군을 패주시킨 후에 베니게와 두로, 이집트를 차례로 점령하였고 이 과정에서 팔레스타인(유다)도 지배하였습니다. 또한 동방 지역인 바빌론을 공격하여 수사(에스더 궁이 있던 곳)와 인더스 강까지 진출하였습니다.

알렉산더의 문화적 특징은 각 국가의 특징을 수용하면서 본인이 점령한 곳에 언제나 그리스 도시와 식민지를 세워 그리스의 문화와 사상, 특히 언어를 전파한 것이죠. 즉 헬라화를 통한 제국의 통합이 알렉산더의 목표였습니다. 중간사 및 유대인과 관련해서 특별한 점이 있는데, 알렉산더는 이집트의 알렉산드리아에 많은 유대인들을 정착시켜 이 지역을 중심으로 문화를 확장시켜 나갔습니다. 이처럼 비록 단명하고 후계자를 만들지 못하였지만 그리스의 알렉산더는 여러 과정을 거쳐 로마와 신약 교회에 엄청난 영향력을 남긴 왕으로 남게 되었습니다.

(3) The Greek Empire - Alexander the Great Seized the hegemony

Let's take a quick look at Alexander the Great, who made great achievements in human culture. Alexander the Great was crowned king at the same time as Darius III, the last king of Persia. In particular, he was educated by the philosopher Aristotle, which was an absolutely important place in his ideas. In the end, he became a man who had a clear dream of Hellenization of the whole world and conquering the world passionately.

Alexander the Great conquers the Persians at the Battle of Issus in 333 B.C. and then he takes over Phoenicia, Tyre, and Egypt one after another, and in this process, he also controls the Palestinians. They also attacked Babylon, the eastern region, and advanced as far as Susa(where Esther Palace was located) and the Indus River.

Alexander the Great's cultural character is that he always established Greek cities and colonies where he occupied, embracing the characteristics of each country, and spreading Greek culture and ideas, especially language. So the integration of the empire through Hellenization was Alexander the Great's goal. There's something special about the history of the intertestamental period and the Jews that Alexander the Great established in Alexandria in Egypt and expanded his culture around this area. So even though he was short-lived and could not make a successor, Alexander the Great of Greece went through many processes and became a king who left a tremendous amount of influence in Rome and the Church of the New Testament.

(3) 그리스 - 100년 동안 팔레스타인을 다스림

　알렉산더 대왕이 죽고 나서 부하 장군 네 명이 지역을 나눠 통치하게 되었습니다. 이중에서 프톨레미 왕조와 셀류쿠스 왕조를 눈 여겨 볼 필요가 있습니다. 긍정적으로든 부정적으로든 이스라엘과 매우 깊은 관계를 가졌기 때문입니다.

　프톨레미 왕조의 통치 지역은 이집트, 팔레스타인, 베니게였습니다. 프톨레미 왕조는 유다 공동체에 여러 면에서 큰 영향을 끼쳤습니다. 그 예로 프톨레미 1세는 팔레스타인 원정 중에 많은 유다 포로들을 끌고 이집트로 와서 정착을 시켰습니다. 신약성경의 아볼로도 이집트 알렉산드리아 출신입니다(행 18:24). B.C. 3세기 경에는 프톨레미 2세의 명령에 의해 히브리어로 기록된 구약성경을 이집트의 공용어 헬라어로 번역(칠십인역)하여 이방인들도 직접 헬라어 성경을 읽을 수 있게 되었습니다.

　셀류쿠스 왕조는 바빌론 지역을 다스렸습니다. 처음에 유대인들에게 호의적이었던 셀류쿠스 왕조는 로마에 패한 이후 유대인들에게 많은 고통을 주었습니다. 특히 종교적으로는 성직 매매를 비롯하여 성전에서 제우스에게 돼지고기를 제물로 바치는 등 유대인의 종교를 비하하고 박해하였습니다.

(3) The Greek Empire - Ruling Palestine for 100 years

After the death of Alexander the Great, four of his subordinate generals divided the region. Of these, The Ptolemy Dynasty and the Seleucid Dynasty are worth noting. Because they had a very deep relationship with Israel, both positively and negatively. The areas ruled by the Ptolemy Dynasty were Egypt, Palestine, and phoenicia.

The Ptolemies had a profound influence on the community of Judah in many ways. For example, Ptolemy I brought many Judahite captives to Egypt during his campaign against Palestine and settled them. Apollos in the New Testament was also from Alexandria, Egypt(Acts 18:24). By the third century B.C., the Old Testament, written in Hebrew, was translated into Greek, the official language of Egypt(The Septuagint), by order of Ptolemy II, so that Gentiles could read the Bible written by Greek themselves.

The Seleucid Dynasty ruled over the region of Babylon. The Seleucid Dynasty, which was initially favorable to the Jews, caused much suffering to the Jews after their defeat by the Romans. In particular, they demeaned and persecuted the religion of the Jews, including the prostitution of the priesthood and the sacrifice of swine's flesh to Zeus in the temple.

프톨레미 왕조와 셀류쿠스 왕조(1)

프톨레미 왕조	중요 사건	셀류쿠스 왕조	중요 사건
프톨레미 1세 소테르 (B.C. 323~286)	프톨레미 왕조를 창건함 알렉산드리아에 도서관을 세우고 많은 유대인들을 정착시킴	셀류쿠스 1세 니카토르 (B.C. 312~280)	셀류쿠스 왕조를 창건함 B.C. 300년에 안디옥을 건설함
프톨레미 2세 필라델포스 (B.C. 285~246)	셀류쿠스 왕조와의 1차, 2차 전쟁 알렉산드리아에서 70인역의 번역이 시작됨	안티오쿠스 1세 소테르 (B.C. 280~261)	
프톨레미 3세 에우에르게테스 (B.C. 246~221)	셀류쿠스 왕조와의 3차 전쟁	안티오쿠스 2세 테오스 (B.C. 261~223)	
프톨레미 4세 필로파토르 (B.C. 221~203)	라피아에서 안티오쿠스 3세를 물리침	셀류쿠스 2세 칼리니코스 (B.C. 246~223)	

The Ptolemies and The Seleucid Dynasties (1)

Ptolemic Dynasty	Main Events	Seleucid Dynasty	Main Events
Ptolemy I Soter (B.C. 323~286)	Founding the Ptolemies Establishing a library in Alexandria, settling many Jews	Seleucus I Nikator (B.C. 312~280)	Founding of the Seleucid Dynasty Founding Antioch city in 300 B.C.
Ptolemy II Philadelphos (B.C. 285~246)	Making the 1st and 2nd Wars against the Seleucid Dynasty Starting the Septuagint translations in Alexandria	Antiochus I Soter (B.C. 280~261)	
Ptolemy III Euergetes (B.C. 246~221)	Making 3rd War against the Seleucid dynasty	Antiochus II Theos (B.C. 261~223)	
Ptolemy IV Philopator (B.C. 221~203)	Wins against Antiochus III in Raphia	Seleucus II Kalinikos (B.C. 246~223)	

프톨레미 왕조와 셀류쿠스 왕조(2)

프톨레미 왕조	중요 사건	셀류쿠스 왕조	중요 사건
프톨레미 5세 에피파네스 (B.C. 203~181)	팔레스타인을 셀류쿠스 왕국에 잃음(B.C. 200)	안티오쿠스 3세 마그누스 (B.C. 223~187)	-팔레스타인을 셀류쿠스 왕국의 영토로 확보함(B.C. 200) -소아시아의 마그네시아에서 로마군에 패배함(B.C. 190)
프톨레미 6세 필로메토르 (B.C. 181~146)		셀류쿠스 4세 필로파토르 (B.C. 187~175)	-총리대신 헬리오도로스를 시켜 예루살렘 성전을 약탈하려 함
		안티오쿠스 4세 에피파네스 (B.C. 175~163)	-예루살렘의 대제사장직을 부패 시킴 -이집트를 침략했으나 로마의 개입으로 철수함 -마카비 가문의 봉기를 유발시킨 정책을 시행함 -예루살렘 성전을 모독함

The Ptolemies and The Seleucid Dynasties (2)

Ptolemic Dynasty	Main Events	Seleucid Dynasty	Main Events
Ptolemy V Epiphanes (B.C. 203~181)	Being taken away Palestine to the Kingdom of Selucus(B.C. 200)	Antiochus III Megas (B.C. 223~187)	-Securing Palestine as a territory of the Seleucid Empire(B.C.200) -Defeated by the Romans in Magnesia in Asia Minor(B.C.190)
Ptolemy VI Philometor (B.C. 181~146)		Seleucus IV Philopator (B.C. 187~175)	-Trying to get to plunder the Temple of Jerusalem through Prime Minister Heliodorus
		Antiochus IV Epiphanes (B.C. 175~163)	-Corrupting the High Priesthood in Jerusalem -Invaded Egypt but withdrew due to Roman intervention -Implementing the policies that prompted the Maccabean family's uprising -Desecration of the Temple in Jerusalem

(4) 로마 - 로마는 순간! 구속사는 영원히!

　아침 해가 뜨기 직전 새벽이 가장 춥고 어두운 것처럼, 메시아, 곧 그리스도이신 예수가 탄생하시기 직전의 로마 통치는 유대인들에게 매우 힘든 시기였습니다. 하지만 로마의 지배가 다 나쁜 것은 아닙니다. 당시 보편적인 헬라어의 보급, 70인역 성경의 등장, 건축과 도로의 발달 등은 예수의 오심과 더불어 그 이후 펼쳐질 구속사에 중요한 밑거름이 되었습니다. 이러한 구속사의 물줄기와 맥을 같이 하는 로마 초기 황제와 이스라엘의 관계를 당시에 펼쳐졌던 주요 사건들과 함께 묶어서 살펴보고자 합니다.

　신약의 역사서(사복음서, 사도행전)는 로마의 황제와 깊은 연관 속에서 기록되어 있습니다. 당시 이스라엘은 프톨레미와 셀류쿠스 왕조를 거쳐, 중간사 막바지에 이르러서는 로마의 통치를 받았습니다. 로마가 유일신 사상을 가진 유대인들을 통제하기 위해 많은 특권을 주면서도 이두매인 헤롯이 유대를 통치하도록 승인함으로써, 이스라엘은 매우 혼란한 사회상을 가지고 있었습니다. 종교적으로도 율법에 대한 형식주의로 인해 신앙이 그 생명력을 잃어가고 있었고, 이는 예수에게 비판의 대상이 되기도 했습니다. 로마가 신약 역사에 등장하는 인물들과 어떤 관계가 있었는지를 살펴보도록 하겠습니다.

(4) The Roman Empire - The Roman Empire is a moment, but The History of Redemption is eternal

Just as the dawn just before sunrise is the coldest and darkest, so the Roman rule just before the birth of Jesus, the Messiah, the Christ, was a very difficult time for the Jews. But The Rule of the Romans was not all bad. The spread of the Greek language, the advent of the Septuagint, and the development of buildings and roads were important to the coming of Jesus and the subsequent history of redemption. In line with this stream of redemptive history, we will examine the relationship between the early Roman emperors and Israel, tied together with the major events that unfolded at the time.

The historical books of the New Testament(The Gospels, Acts) are written in deep connection with the Roman emperor. At that time, Israel was ruled by the Ptolemies and the Seleucids, and by the end of the intertestamental period, it was ruled by Rome. Rome gave many privileges to the monotheistic Jews to control them, nevertheless, it had a very chaotic social picture, such as the approval of Herod the Idumea to rule Judea. Religiously, too, the formalism of the law was causing faith to lose its vitality, which was also criticized by Jesus. Let's take a look at how Rome was related to characters in New Testament history.

로마의 삼두정치

	황제	중요 사건
제 1차 (B.C. 59-53)	크라수스 (B.C. 115-53)	로마 최고의 부자, 스파르타쿠스 진압 6천명의 노예를 처형
	폼페이우스 (B.C. 106-48)	스페인 반란 진압, 스파르타쿠스 진압 지중해 해적 소탕
	카이사르(시저) (B.C. 100-44)	로마의 명문가 출신, 당대 최고의 전략가 뛰어난 임기응변과 야심
제 2차 (B.C. 43-36)	마르쿠스 안토니우스 (B.C. 83-30)	카이사르파와 카이사르 암사자들간 화친 주선 마케도니아 필리피 전투
	레피두스 (B.C. 출생미상-13)	카이사르 지지, 공화정 지지자 숙청
	옥타비아누스 (B.C. 63 - A.D.14)	성경에 나오는 아우구스도(눅 1:1) 유대인에게 호적 제도를 실시

* 삼두정치란? 로마 제국에서 황제 체제가 만들어지기 직전의 3인 집권 체제의 과두제(寡頭制)

The Triumvirate of the Roman Empire

	Emperor	Main events
1st (B.C. 59-53)	Crassus (B.C. 115-53)	Rome's richest man, suppresses Spartacus Executed 6,000 slaves
	Pompey (B.C. 106-48)	Suppression the Spanish Revolt, Suppression Spartacus Sweeping Mediterranean pirates
	Caesar (B.C. 100-44)	Comes from a prestigious family in Rome. The greatest strategist of his time Brilliant resourcefulness and ambition
2nd (B.C. 43-36)	Marcus Antonius (B.C. 83-30)	Arranged a reconciliation between Party of Caeser and the opposition the party of Caesar Battle of Philippi, Macedonia
	Lepidus (B.C. Birth Unknown-13)	Support for Caesar, The purge of supporters of the republic
	Octavian (B.C. 63 - A.D.14)	Augustus in the Bible (Luke 1:1) Implement a family register system for Jews

* What is the triumvirate? An oligarchy in a three-man ruling system before the creation of the imperial system in the Roman Empire

로마 초기 황제와 이스라엘의 관계(1)

로마 황제	재위 기간	신약 시대의 주요 사건
카이사르 아우구스투스 (옥타비아누스)	B.C. 27~A.D. 14	-예수 탄생
티베리우스	A.D. 14~37	-예수의 공생애 기간 -분봉왕(헤롯 빌립, 헤롯 안티파스, 헤롯 아켈레오) -총독(빌라도)
가이우스 (칼리굴라)	A.D. 37~41	-헤롯 아그립바 1세가 팔레스타인을 다스림
클라우디우스	A.D. 41~54	-아그립바 1세(A.D. 41~44)가 팔레스타인 전역의 왕이 됨 -야고보의 순교 -바울의 1차 전도여행(A.D. 46~48) -예루살렘 공의회(A.D. 49) -바울의 2차 전도여행(A.D. 50~52)

Israel's relationship with the Early Roman Emperors (1)

Emperors	Reign period	Main events in the New Testament era
Caesar Augustus (Octavian)	B.C. 27~A.D. 14	-The Birth of Jesus
Tiberius	A.D. 14~37	-The Period of Jesus' Public Life -The Tetrarch(Herod Philip, Herod Antipas, Herod Archeleo) -Governor(Pilate)
Gaius (Caligula)	A.D. 37~41	-Herod Agrippa I rules Palestine
Claudius	A.D. 41~54	-Agrippa I(A.D. 41~44) becomes king over all of Palestine -The Martyrdom of James -Paul's 1st Missionary journey(A.D. 46~48) -Council of Jerusalem(A.D. 49) -Paul's 2nd Missionary Journey(A.D. 50~52)

로마 초기 황제와 이스라엘의 관계(2)

로마 황제	재위 기간	신약 시대의 주요 사건
네로	A.D. 54~68	-바울의 3차 전도 여행(A.D. 53~57) -바울이 로마에서 투옥됨(옥중서신의 배경) -로마 대화재(A.D. 64) -로마 내의 그리스도인들을 대대적으로 박해함 -유대인 봉기가 일어남(A.D. 66)
갈바, 오토 비텔리우스 베스파시아누스	A.D. 68~69	-로마가 일시적으로 유대인 봉기의 진압에 어려움을 겪음(네로의 후계자가 불확실했기 때문)
베스파시아누스	A.D. 69~79	-티투스 장군이 예루살렘 성을 무너뜨림(A.D. 70)
티투스	A.D. 79~81	-로마에 다시 화재가 발생함(A.D. 80) -티투스의 개선문이 세워짐(A.D. 81)

Israel's relationship with the early Roman emperors(2)

Emperors	Reign period	Main events in the New Testament era
Nero	A.D. 54~68	-Paul's 3rd Missionary Journey(A.D. 53~57) -Paul's imprisonment in Rome (background to the Epistle to the Prison) -Great Fire of Rome(A.D. 64) -Massive persecution of Christians in Rome -Jewish uprising(A.D. 66)
Galba, Otho Vitellius Vespasian	A.D. 68~69	-Nero's successor is uncertain, and Roman repression of the Jewish uprising faces temporary.
Vespasian	A.D. 69~79	-General Titus surrounded and destroyed the city of Jerusalem(A.D. 70)
Titus	A.D. 79~81	-Fire breaks out again in Rome(A.D. 80) -Builted The Arch of Titus(A.D. 81)

● 유대의 총독 및 분봉왕

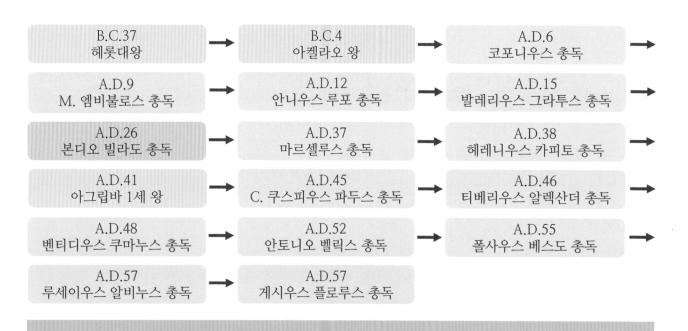

B.C.37 헤롯대왕	B.C.4 아켈라오 왕	A.D.6 코포니우스 총독
A.D.9 M. 엠비불로스 총독	A.D.12 안니우스 루포 총독	A.D.15 발레리우스 그라투스 총독
A.D.26 본디오 빌라도 총독	A.D.37 마르셀루스 총독	A.D.38 헤레니우스 카피토 총독
A.D.41 아그립바 1세 왕	A.D.45 C. 쿠스피우스 파두스 총독	A.D.46 티베리우스 알렉산더 총독
A.D.48 벤티디우스 쿠마누스 총독	A.D.52 안토니오 벨릭스 총독	A.D.55 폴사우스 베스도 총독
A.D.57 루세이우스 알비누스 총독	A.D.57 게시우스 플로루스 총독	

분봉왕이란? 왕이나 황제의 허락 아래, 한 나라의 일정 지역을 다스리는 영주
헤롯 대왕의 아들인 아켈라오, 안티파스, 빌립이 로마 황제의 임명을 받아 유대를 다스림.

● The Governors and The Tetrarch of The Judea

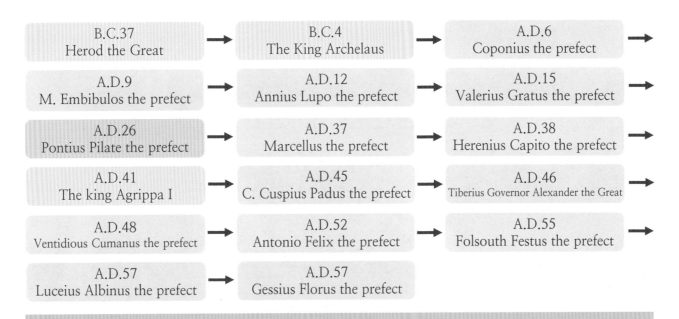

B.C.37 Herod the Great	→	B.C.4 The King Archelaus	→	A.D.6 Coponius the prefect	→
A.D.9 M. Embibulos the prefect	→	A.D.12 Annius Lupo the prefect	→	A.D.15 Valerius Gratus the prefect	→
A.D.26 Pontius Pilate the prefect	→	A.D.37 Marcellus the prefect	→	A.D.38 Herenius Capito the prefect	→
A.D.41 The king Agrippa I	→	A.D.45 C. Cuspius Padus the prefect	→	A.D.46 Tiberius Governor Alexander the Great	→
A.D.48 Ventidious Cumanus the prefect	→	A.D.52 Antonio Felix the prefect	→	A.D.55 Folsouth Festus the prefect	→
A.D.57 Luceius Albinus the prefect	→	A.D.57 Gessius Florus the prefect			

What is the tetrarch? A lord who rules a certain area of a country with the permission of a king or emperor. The sons of Herod the Great, Archelaus, Antipas, and Philip, were appointed by the Roman emperor to rule over Judea

Wojciech Stattler(1800-1875)의 <마카비>, 1842년, 크라쿠프 국립미술관 소장.

II. 혼란에 빠진 유대
Judea in turmoil

하나님 나라가 왜 거기서 나와?

예수께서 가장 강조하신 말씀 중 하나가 무엇일까요? 바로 '하나님 나라'입니다. 하나님 나라는 예수를 주님으로 고백하는 사람들에게 매우 친숙한 단어입니다. 예수를 믿으면 하나님의 자녀가 되고, 또한 그 나라 백성이 된다는 것은 너무나 당연하고 또한 중요한 사실이지요. 예수께서도 "때가 찼고 하나님의 나라가 가까이 왔으니 회개하고 복음을 믿으라"(막 1:15)고 말씀하셨잖아요?

그런데 하나님 나라는 어느 날 갑자기 불쑥 튀어나온 장식품이 아니랍니다. 예수께서 하나님 나라 말씀을 하셨을 때 그 말씀을 들은 사람들은 너무나 반가웠고 기뻐했죠. 왜냐하면 그들에겐 나라가 필요했거든요. 자신들의 안전을 보호하고 삶을 제대로 살아갈 수 있도록 이끌 왕을 그들은 오랫동안 기다려 왔답니다. 성경을 읽어 보면 예수가 하나님 나라에 대한 정의를 내린 적이 한 번도 없으시다는 걸 알 수 있죠. 왜 그럴까요? 하나님 나라가 그렇게 중요하다면 기본적인 개념 정리는 있어야 하잖아요? 그런데 없어요. 즉, 하나님 나라는 당시 사람들에게 친숙하고 갈망하는 삶 그 자체였기 때문이지요. 당시 유대인들에게는 특별한 설명이 없어도 충분히 이해될 수 있는 개념이었답니다.

신구약 중간사의 정치적 상황을 이해하게 되면 우리도 그 마음을 갖게 될 수 밖에 없을 겁니다. 유대인의 입장에서 보면 고통의 날들이었으니까요.

How does the kingdom of God come out of there?

What is one of Jesus' most emphatic statements? It is the kingdom of God. The kingdom of God is a very familiar word to those who confess Jesus as Lord. It is so natural and important that if we believe in Jesus, we become children of God and the people of his country. Jesus said, "Repent and believe the gospel, for the time is full, and the kingdom of God is near"(Mark 1:15).

But the kingdom of God is not an ornament that pops up out of nowhere. When Jesus spoke about the kingdom of God, the people who heard it were very happy and happy. Because they needed a country. They have been waiting for a king to protect their safety and lead them to live their lives properly. If you read the Bible, you will see that Jesus never defined the kingdom of God. Why is that? If the kingdom of God is so important, then there must be a basic conceptual summary, right? But It doesn't have one. In other words, the kingdom of God was a life that people at that time were familiar with and longed for. It was a concept that could be understood by the Jews of the time without any special explanation.

When we understand the political situation in the intertestamental period, we can't help but feel that way. From the Jewish point of view, these were days of suffering.

고래 싸움에 새우 등 터져요

중간사는 선지자의 활동이 보이지 않습니다.

하나님의 말씀이 들리지 않는 침묵의 시기였지요.

새로운 사상과 문화가 들어오고 정치, 종교적으로는 혼란의 때였습니다.

하나님은 이 중간사를 통해 우리에게 무엇을 말씀하고 계신 것일까요?

앞에서 살펴보았듯이 구약과 신약의 중간시대의 이스라엘 역사는 두 왕조의 틈바구니 속에 맞물려 돌아가는 상황이었습니다.

이 두 왕조는 바로 프톨레미 왕조와 셀류쿠스 왕조이고, 알렉산더 대왕이 죽은 후에 여러 왕조로 분리되었습니다.

이제 신구약 중간사에서 이스라엘 역사에 영향을 미친 두 왕조 사이에서 발생한 주요 사건들은 무엇인지 함께 살펴보겠습니다.

When whales fight, the shrimp's back is broken

During the intertestamental period, the Activities of prophets don't seem.

It was a period of silence when God's word could not be heard.

It was a time of an influx of new ideas and cultures and political and religious turmoil.

What is God telling us through this the intertestamental period?

As we have already investigated, The history of Israel in the middle period between the Old and New Testament was intertwined between the two dynasties. These two dynasties were the Ptolemies and the Seleucids, which were separated into several dynasties after the death of Alexander the Great.

Let's take a look at the two dynasties and the main events that influenced Israel's history in the intertestamental period.

마티아 프레티(1613-1699)의 <헤롯을 책망하는 세례 요한>, 1665년.

1. 정치적 혼란
Political turmoil

(1) 마카비 혁명 - 알렉산더의 등장과 대제국의 형성

잠깐 복습해 볼까요?

프톨레미와 셀류쿠스 왕조의 기원은 마케도니아라는 국가까지 거슬러 올라갑니다. 그리스 북부에 위치한 마케도니아는 험준한 산맥과 지형으로 인해, 하나의 통일된 왕국을 이루지 못하고 있었습니다. 그런데 알렉산더의 아버지인 필리포스 2세는 마케도니아를 통일했을 뿐 아니라 그리스까지 지배했습니다(B.C. 338). 그의 아들인 알렉산더는 아버지의 뒤를 이어 만 20세의 나이에 왕이 되었고 아버지 이상의 군사적 능력을 보여주며 정복전쟁을 시작합니다. 얼마나 전쟁에 뛰어났던지, B.C. 330년에는 예루살렘을 정복하고 B.C. 323년 33세의 나이로 세상을 떠나기까지 마케도니아로부터 인도북서부에 이르는 광활한 땅을 자신의 영토로 만들었습니다.

그러나 후계자를 남기지 못한 알렉산더의 갑작스러운 죽음으로 인해 그의 방대한 영토는 네 개로 나뉘어 부하들에 의해 통치됩니다. 이 네 개의 왕조 중 특히 이스라엘과 깊은 연관성을 갖는 왕조가 프톨레미와 셀류쿠스 왕조입니다.

(1) The Maccabean Revolt - The rise of Alexander The Great and The Formation of The Great Empire

Shall we review it?

The origins of the Ptolemies and Seleucid dynasties can be traced back to the state of Macedonia. Macedonia, was located in northern Greece, and was unable to form a unified kingdom due to its rugged mountains and terrain. Alexander the Great's father, Phillippos II, unified Macedonia and not only unified Macedonia but also ruled Greece(338 B.C.). His son, Alexander the Great, succeeded his father as king at the age of 20 and began wars of conquest, demonstrating military prowess beyond his father's. He excelled in warfare, conquering Jerusalem in 330 B.C. and making vast expanses of land from Macedonia to northwestern India his territory until he died in 323 B.C. at the age of 33.

However, Because of the sudden death of Alexander the Great, who did not leave an heir, his vast territory was divided into four and ruled by his subordinates. Of these four dynasties, the ones that have a particularly strong connection with Israel are the Ptolemies and the Seleucids.

(1) 마카비 혁명 - 정결이 아니면 죽음을 달라

역사발전 과정에서 '프랑스 대혁명'이 주목을 받았던 것처럼 이스라엘의 독립운동 역시 신구약 중간사에서 중요한 위치를 차지합니다. 여기에 나오는 주요 인물인 맛다디아, 유다 마카비, 요나단, 시몬과 관계된 주요 사건들을 하나로 모아 정리하면 이스라엘 역사의 흐름과 예수님 오기 전의 상황을 바르게 파악할 수 있습니다. 지금부터 점점 어둠이 깊어지는 그 밤의 현장을 살펴보고자 합니다.

마카비 전쟁은 B.C. 167년에 유대인들에게 돼지고기를 제물로 강요하고 제사 문제 등 신앙을 탄압했던 셀류쿠스 왕조에 대하여 신앙의 정결을 지키기 위해 '모데인'이라는 산골마을에서 일어납니다.

(1) The Maccabean Revolt - Give Me What is Clean or Give Me Death!

Just as the "French Revolution" drew attention in the course of historical development, Israel's independence movement also occupies an important place in the history of the intertestamental period. If we understand the people just like Mattathias, Judas Maccabeus, Jonathan, and Simon, we can seize the course of Israel's history and the circumstances before Jesus came.

From now on, we want to take a look at the scene of that night, when the darkness was getting deeper and darker.

The cause of the Maccabean War took place in 167 B.C. in the mountain town of Modein to preserve the purity of the faith against the Seleucid Empire, which forced the Jews to sacrifice swine's flesh and suppressed the faith, including the issue of sacrifices.

(1) 마카비 혁명 - 마카비 전쟁의 발발

　모데인에는 경건한 제사장인 맛다디아라는 사람이 살고 있었습니다. 그는 성전에 제우스의 신상을 세우고, 유대교의 율법을 모욕하며 제물로 돼지고기를 강요하는 안티오코스 4세의 명령에 도전하였습니다. 그는 셀류쿠스의 군대와 맞서 싸우기 위해 열심 있는 유대인들을 모아 전쟁을 벌입니다. 헬라 정규군(셀류쿠스)을 상대로 이들의 전쟁은 매우 성공적으로 이루어지고, 특히 그의 다섯 아들(요하난, 시몬, 유다, 엘아자르, 요나단)은 매우 헌신적이고 뛰어난 역량을 보여줍니다. 그러나 그는 주전 166년경에 사망합니다.

(1) The Maccabean Revolt - The outbreak of The Maccabean Wars

In Modein, lived a pious priest named Mattathias. He erected a statue of Zeus in the temple, defied the orders of Antiochus IV, who defied the law of Judaism, and forced swine's flesh as a sacrifice. He gathers a group of zealous Jews to fight against the Hellenistic Regular Army(Seleucus' army). Their war against the regular Greek army was very successful, especially his five sons(Johanan, Simon, Judah, El-Azar, and Jonathan) who were very dedicated and capable. However, he died around 166 B.C.

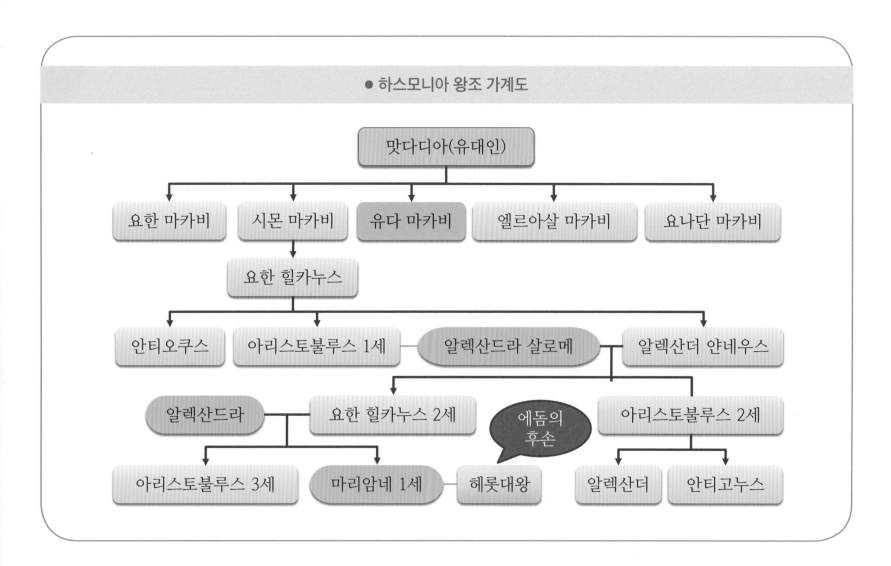

● 하스모니아 왕조 가계도

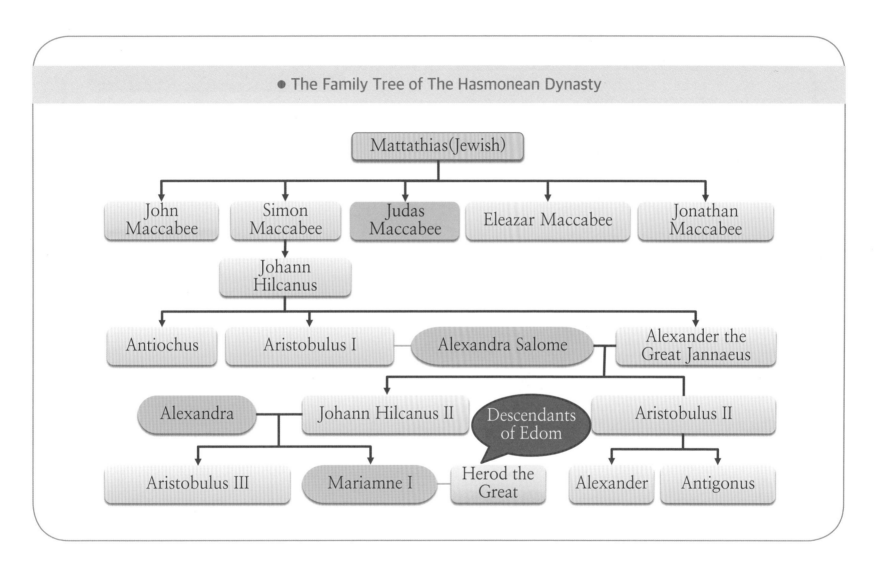

The Family Tree of The Hasmonean Dynasty

맛다디아 가문과 마카비 혁명

이름	통치 연대	주요 사건
맛다디아	B.C. 167~166	모데인에 거주한 연로한 제사장으로 B.C. 166에 죽음 우상에게 제사하라는 안티오쿠스 4세의 명령에 도전함
유다	B.C. 166~160	맛다디아의 셋째 아들로 반란을 지휘함(B.C.166~160) 벧호론, 사마리아, 엠마오, 벧술 등지에서 셀류쿠스 군대에 승리 예루살렘 성전을 되찾아 깨끗이 함(B.C. 164) 유대인의 종교적 자유를 획득함(B.C. 162) 엘라사에서 전사함
요나단	B.C. 160~142	맛다디아의 막내 아들 유대 사막에서 게릴라전을 지휘함 믹마스에 기지를 세움 셀류쿠스 군의 트리포 장군에게 포로로 잡혀 처형당함(B.C. 142)
시몬	B.C. 142~134	맛다디아의 둘째 아들 셀류쿠스 왕조로부터 정치적 양보를 얻음 유대인의 독립 국가를 세움(B.C. 142) 쿠데타로 죽음(B.C. 135)

The House of Mattathias and The Maccabean Revolt

Name	Governing regiment	Main Events
Mattathias	B.C. 167~166	-Mattathias dies in 166 B.C. as an old priest living in Modein -He challenges the orders of Antioch IV, who offers sacrifices to idols
Judas	B.C. 166~160	-Third son of Mattathias Commander of a rebellion in 166~160 B.C. -Won victory over Seleucus' army at Betsul, Bethhoron, Samaria, Emmaus -In 164 B.C., the temple in Jerusalem was restored and cleansed. -Jewish religious freedom was granted in 162 B.C. -Was killed in war in Elassa
Jonathan	B.C. 160~142	-Mattathias' youngest son, -Leading guerrilla warfare in the Judean desert -Establishing a base in Mikmas -142 B.C. Captured and executed by General Trypo of the Seleucid army
Simon	B.C. 142~134	-The second son of Matthadia, -Gaining political concessions from the Selucus dynasty -Establishing an independent Jewish state in 142 B.C -Dying in a rebellion in 135 BC

(2) 헤롯 - 헤롯 가문을 알아 보아요

복음서에서 헤롯 가문은 예수 뿐만 아니라 예수의 제자들에게도 매우 밀접한 관계가 있습니다. 이러한 관계 속에 있는 헤롯의 가문을 이해할 때 신약의 역사서를 잘 이해할 수 있습니다. 그런데 복음서와 사도행전에 등장하는 헤롯왕은 한 사람을 가리키는 것이 아닙니다. 그렇다면 성경에 등장하는 많은 헤롯들은 누구인지를 헤롯 가문의 가계도 그림을 통해 살펴보고자 합니다.

로마가 아시아와 유럽지역의 패권을 장악하고 있었을 때, 로마 황제 혼자서는 로마의 넓은 영토를 모두 다스리기에 불가능한 상황이었습니다. 그래서 로마는 각 지역의 왕을 선출하여 각 지역을 통치하도록 하였습니다. 그중 팔레스타인을 다스렸던 왕으로는 '민족왕과 분봉왕' 두 종류가 있었습니다.

민족왕은 유대 전체를 다스리는 왕을 말하는 것으로 성경에서는 보통 '왕'으로 기록되었습니다. 그리고 분봉왕은 민족왕의 1/4 정도의 영토를 다스렸습니다. 즉 두 왕의 차이는 다스리는 영토의 크기에 따른 것인데, 사실상 헤롯 왕가의 왕들은 헤롯 대왕과 아그립바 1, 2세를 제외하고는 모두 분봉왕이라고 할 수 있습니다. 그러면 이제부터 헤롯 가문의 가계를 살펴보겠습니다.

(2) The Herodians - Get to know Herod's family

In the Gospels, the Herod's family is very closely related not only to Jesus but also to Jesus' disciples. When we understand Herod's family in this relationship, we can better understand the historical books of the New Testament. But King Herod in the Gospel and Acts of the Apostles does not refer to one man. So, let's look at who many of the Herods in the Bible are through the family tree of Herod's family.

At a time when Rome was dominating Asia and Europe, the Roman emperor alone couldn't rule over all of Rome's vast territory. So Rome elected a king to lead each region. Among them, two types of kings ruled over Palestine: the national king and the tetrarch.

A national king is a king who rules over all of Judea, and is usually written as a "king" in the Bible. The tetrarch ruled over about 1/4 of the territory of the national king. In other words, the difference between the two kings is due to the size of the territory they rule, and in fact, all of Herod's kings are the Tetrarch, except Herod the Great and Agrippa I and II. Let's take a look at Herod's family lineage.

(2) 헤롯 - 헤롯 대왕(민족왕)

　헤롯 대왕은 안토니우스와 옥타비아누스의 도움으로 로마 원로원에 의해 유대 왕으로 임명되어 B.C. 37년에서 A.D. 4년까지 약 40여 년간 유대를 다스렸습니다. 처음에 유대인들은 헤롯이 이두매와 유대의 혼혈이라는 이유를 들어서 헤롯을 왕으로 인정하기를 거부하였습니다. 그래서 헤롯이 왕위에 오르는데 3년이라는 시간이 소모됩니다. 이런 배경은 헤롯 대왕 평생의 큰 열등감으로 작용하게 되었으며, 결국 나중에는 권력을 위해서라면 자신의 부인과 아들을 살해하는 등의 병적인 증상들까지 보인 잔인한 왕이 되었습니다. 예수께서 탄생하셨을 때 그 당시의 두 살 아래 아기들을 모두 살해한 왕이 바로 이 헤롯 대왕입니다.

　헤롯 대왕이 죽은 후, 헤롯의 세 아들은 로마의 황제로부터 영토를 분할 받습니다. 이를 분봉왕이라고 하는데, 헤롯의 아들 중 아켈라오는 유대와 사마리아·남쪽 이두매 지역을, 안티파스는 갈릴리와 베레아를, 빌립은 갈릴리 북동쪽의 이두매와 드라고닛 지역을 다스리게 되었습니다.

(2) The Herodians - Herod the Great(King of the Jewish People)

Herod the Great, with the help of Antony and Octavian, was appointed king of Judea by the Roman Senate and ruled Judea for about 40 years, from 37 B.C. to 4 A.D. At first, the Jews refused to recognize Herod as king on the grounds that he was of mixed Idumaean and Jewish descent. So it takes three years for Herod to ascend to the throne. This background served as a great inferiority complex for Herod the Great's life, and he later became a cruel king who even showed morbid symptoms such as murdering his wife and son for the sake of power. When Jesus was born, it was this Herod the Great who murdered all the babies under the age of two at that time.

After the death of Herod the Great, Herod's three sons received a division of territory from the Roman emperor. This is called the tetrarch, and one of Herod's sons, Archelaus, was the son of Judea and Samaria. The region of Idume to the south was to be ruled by Antipas, Galilee and Beroea, and by Philip, by the Idumae and Dragonites in the northeast of Galilee.

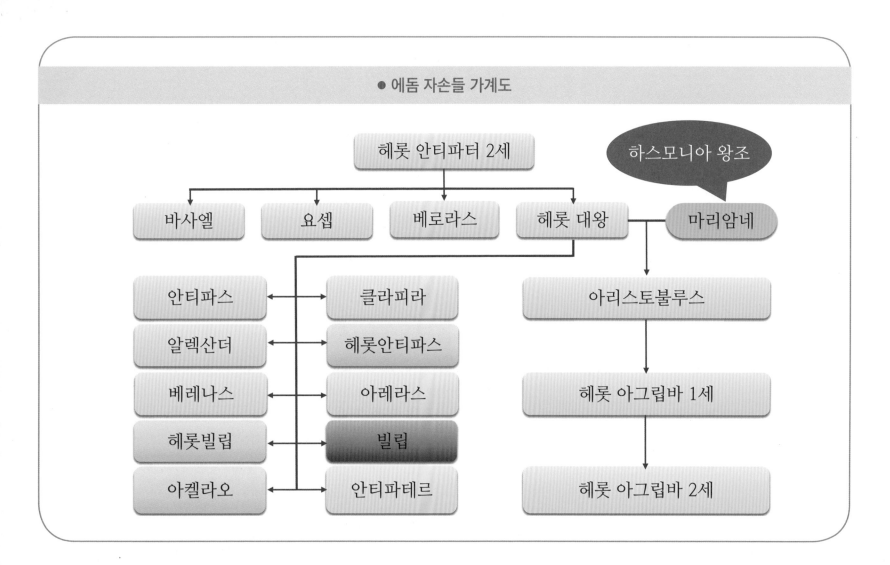

● 에돔 자손들 가계도

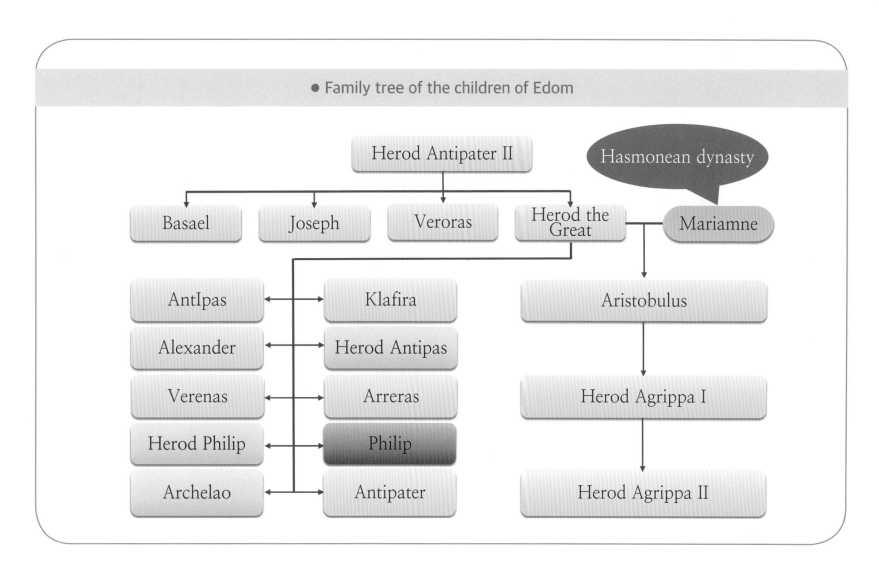

● Family tree of the children of Edom

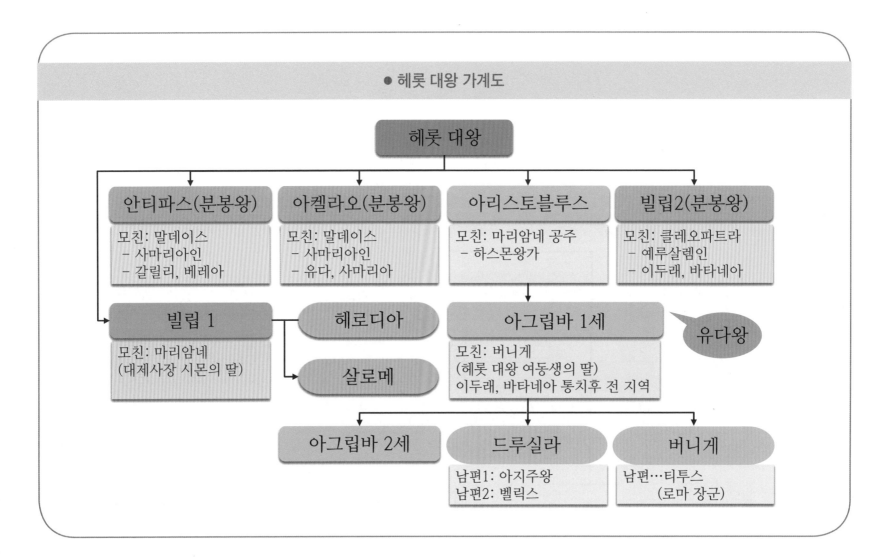

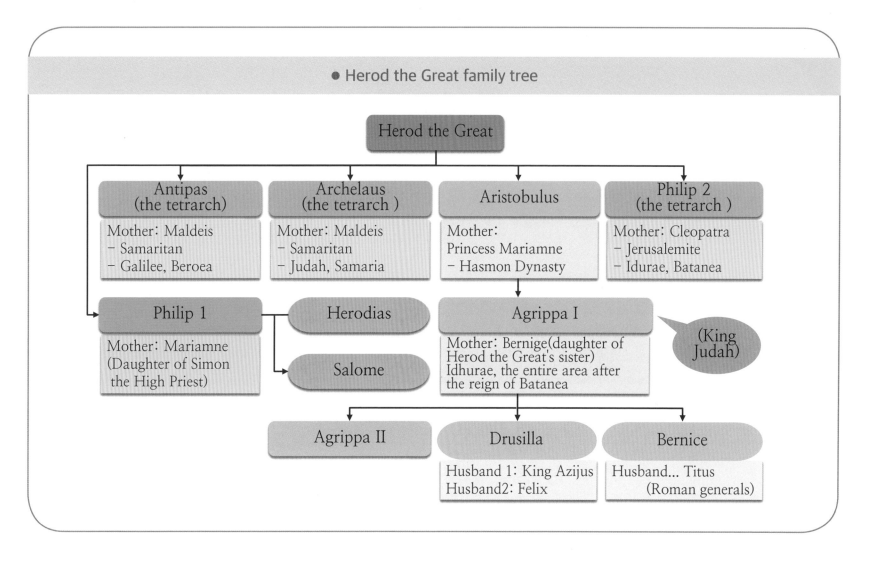

● Herod the Great family tree

Herod the Great

Antipas (the tetrarch)
Mother: Maldeis
- Samaritan
- Galilee, Beroea

Archelaus (the tetrarch)
Mother: Maldeis
- Samaritan
- Judah, Samaria

Aristobulus
Mother:
Princess Mariamne
- Hasmon Dynasty

Philip 2 (the tetrarch)
Mother: Cleopatra
- Jerusalemite
- Idurae, Batanea

Philip 1
Mother: Mariamne
(Daughter of Simon
the High Priest)

Herodias

Salome

Agrippa I
Mother: Bernige(daughter of
Herod the Great's sister)
Idhurae, the entire area after
the reign of Batanea

(King Judah)

Agrippa II

Drusilla
Husband 1: King Azijus
Husband2: Felix

Bernice
Husband... Titus
(Roman generals)

(3) 분봉왕 - 아켈라오·안티파스

• 아켈라오

아켈라오는 B.C. 4년에서 A.D. 6년까지의 짧은 시간을 통치하였습니다. 왜냐하면 유대인들과 사마리아인들은 그의 잔인한 성품을 잘 알고 있었고, 로마의 황제 아우구스티누스에게까지 찾아가 왕을 폐위해 달라고 간청하였기 때문입니다. 목숨을 건 그들의 요청은 성공하고 아켈라오가 다스리던 지역은 로마의 총독 코포니우스가 다스리게 됩니다.

• 안티파스

안티파스는 A.D. 4년에서 A.D. 39년까지 오랜 시간을 갈릴리와 베레아 지역에서 분봉왕으로 통치했습니다. 안티파스하면 기억해야 할 성경 인물이 바로 세례 요한입니다. 안티파스는 원래 나바티아 왕국의 공주와 결혼했으나 동생 빌립의 아내인 헤로디아와 결혼하기 위해 공주를 내쫓았고 세례 요한은 이를 책망했습니다. 빌립과 헤로디아 사이에서 태어난 살로메는 춤을 추어 새아버지인 안티파스를 기쁘게 하였고, 안티파스는 그녀의 소원을 들어주기 위해 세례 요한의 목을 베게 됩니다. 또한 예수를 십자가에 못 박았던 헤롯왕이 바로 안티파스입니다.

(3) The Tetrarch - Archelaus·Antipas

• Archelaus

Archelaus ruled for a short time, from 4 B.C. to 6 A.D. Because the Jews and Samaritans were well aware of his cruel nature, they even went to the Roman emperor Augustine and begged him to depose the king. Their request for their lives is successful, and the area ruled by Archelaus is ruled by the Roman governor Coponius.

• Antipas

Antipas ruled for a long time, from A.D. 4 to A.D. 39, as the tetrarch of Galilee and Beroea. When it comes to Antipas, the biblical character to remember is John the Baptist. Antipas was originally married to a princess from the kingdom of Nabatea, but he threw her out to marry Herodias, the wife of his brother Philip, and John the Baptist rebuked him. Salome, who was born between Philip and Herodias, delights her stepfather, Antipas killed John the Baptist to grant her wish. Also the king of Herod who crucified Jesus was Antipas.

(3) 분봉왕 - 빌립 II

• 빌립 II

빌립 II는 누가복음 3장 1절에 처음으로 등장합니다. 빌립은 안티파스와 헤로디아의 딸인 살로메와 결혼합니다. 자신의 조카와 결혼한 것이지만 당시에 근친결혼은 왕족들 사이에서는 매우 흔한 일이었습니다. 빌립 II는 공관복음에 여러 번 기록된 가이사랴 빌립보라는 도시를 건설한 인물입니다.

※ 빌립 I
빌립은 헤롯 대왕과 대제사장 시몬의 딸인 마리암네 사이에서 태어났으며 헤로디아의 첫 번째 남편이자 살로메의 아버지이기도 합니다.

(3) The Tetrarch - Philip II

• Philip II

Philip II appears for the first time in Luke 3:1. Philip marries Salome, the daughter of Antipas and Herodias. Although he was married to his own nephew, intermarriage was very common among royalty at the time. Philip II was also the founder of the city of Caesarea Philippi, which is recorded several times in the Synoptic Gospels.

※ Philip I

Philip was born to Maryamne, Simon the High Priest and Herod the Great. He was Herodias' first husband and Salome's father.

(3) 분봉왕 - 헤롯 아그립바 1세·헤롯 아그립바 2세

• 헤롯 아그립바 1세

사도행전 12장에서 사도 야고보를 죽이고 베드로를 옥에 가둘 정도로 악한 사람이었고, A.D. 41년에 이르러서 유대 대부분의 지역을 통치하면서 교만해집니다. 하지만 사도행전 12장에서는 하나님께 영광을 돌리지 않았기에 그 교만의 결과로 벌레에 먹혀 죽었다고 기록되어 있습니다.

• 헤롯 아그립바 2세

헤롯 아그립바 1세의 아들로, 어린 나이에 왕이 됩니다. 아그립바 2세는 사도 바울과 깊은 연관성이 있습니다. 성경에서는 사도행전 25장에 등장합니다. 사도 바울이 로마로 가기 위해 가이사에게 상소했을 때의 왕이 아그립바 2세였습니다. 바울이 구류되어 있을 때에는 아그립바왕과 버니게가 신임 총독 베스도에게 문안하러 가이사랴로 찾아옵니다. 헤롯 아그립바 2세는 유대의 마지막 통치자였고, 그의 사후 로마가 직접 이스라엘을 다스리게 됩니다.

(3) The Tetrarch - Herod Agrippa I·Herod Agrippa II

• Herod Agrippa I

He was wicked enough to kill the apostle James and put Peter in prison in Acts 12 and by A.D. 41, he was ruling over most of Judea, becoming proud. However, in Acts 12, it is written that he did not glorify God, and as a result of his pride, he was eaten by worms and died.

• Herod Agrippa II

Son of Herod Agrippa I, he became king at a young age. Agrippa II has a deep connection with the apostle Paul. In the Bible, it appears in Acts 25. When the apostle Paul appealed to Caesar to go to Rome, the king was Agrippa II. While Paul is in custody, King Agrippa and Bernage come to Caesarea to greet the new governor, Festus. Herod Agrippa II was the last ruler of Judea, and after his death, Rome ruled Israel directly.

헤롯 대왕	이두매(에돔) 출신 돈으로 왕위를 삼 2살 이하 유아 학살을 명함
안티 파스	모친: 말데이스(사마리아인) 갈릴리, 베레아 세례 요한을 죽임 예수를 재판
아켈 라오	모친: 말데이스(사마리아인) 유다, 사마리아 통치 소환 해임 후 코포니우스 총독 부임
빌립	모친: 클레오파트라(예루살렘인) 이두래, 바타네아

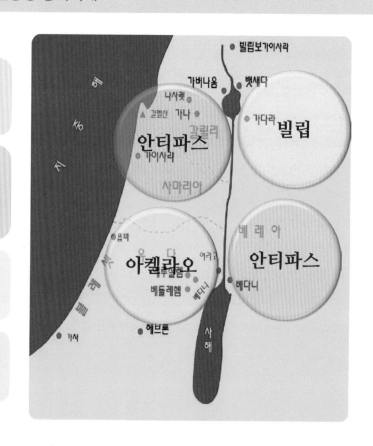

● Administrative district: The reign of the tetrarch

Herod The Great
From Idumae(Edom)
Crowning the throne with money
Ordered the killing of infants under 2 years of age

Antipas
Mother: Maldeis(Samaritan)
Galilee, Beroea
Killing John the Baptist
Judge Jesus

Archelaus
Mother: Maldeis(Samaritan)
Judah, rule of Samaria
After being recalled and dismissed, he was appointed governor of Coponius

Philip
Mother: Cleopatra(Jerusalemite)
Idhurae, Batanea

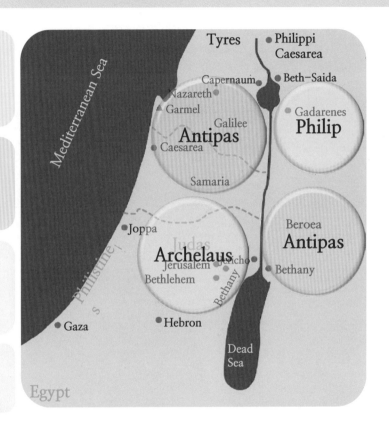

루벤스(1577-1640)의 <바리새인 시몬의 집에 계신 예수 그리스도>, 1618~1620년경. 상트페테르부르크 에르미타주 미술관 소장.

2. 종교적 혼란
Religious turmoil

(1) 종파 대두 - 종교가 발목을 잡다

회칠한 무덤.

누구를 칭하는 말인지 다 아시지요?

바로 바리새인입니다.

바리새인과 사두개인 등은 하늘에서 뚝 떨어진 이름이 아니라

이 중간사에 만들어진 것이지요.

자, 그러면 유대교를 중심으로 한 중간사의 종교를 알아볼까요?

(1) The Emergence of Sects - Everything was interrupted by religion

Whitewashed tombs.

You know whom I'm referring to, right?

The Pharisees.

The Pharisees, Sadducees, etc., are not names that fell from heaven.

It was created in the intertestamental period of this.

Let's take a look at the religions of The Intertestamental Period, centered on Judaism.

(1) 종파 대두 - 신앙의 갈등은 분파의 파도를 타고

• **바리새파**

바리새파는 주전 160~143년경에 발생하였습니다. 바리새란 '성별된 사람들'이라는 의미로서 그들에게 성별이란 율법을 연구하고 일반 백성과 이방 풍습으로부터 구별되는 것을 의미했습니다. 유대교의 최대 종파로서 경제적으로는 중산층에 속하며, 주로 상인이나 무역상이 많았습니다.

그들은 사두개인들과는 다르게 구약성경 전체의 권위를 인정했고 따라서 율법 연구야말로 참된 예배라고 믿었습니다. 또한 그들은 성별을 강조했기 때문에 안식일, 십일조, 정결례 등을 바르게 지키는 문제에 큰 관심을 보였습니다. 그들은 율법을 가르치기 위한 회당을 세우고 운영하였으며 미쉬나를 발전시키기도 하였습니다.

• **사두개파**

사두개파는 종교적 귀족들이라고 할 수 있습니다. 그들은 주전 200년경부터 존재한 것으로 보이며, A.D. 70년 티투스 장군에게 예루살렘을 점령당하고 성전이 파괴되면서 사라졌습니다. 그들은 성전 중심의 신학을 강조한 사람들이었습니다. 사두개인들은 모세오경의 권위만을 인정해서 다른 성경은 구속력 있는 하나님의 말씀으로 받아들이지 않았고, 율법을 문자적으로 해석하였습니다. 또한 사후세계와 몸의 부활을 부정하는 물질주의적 경향을 가지고 있었으므로 당연히 천사와 귀신의 존재 또한 인정

(1) The Emergence of Sects - The conflict of faith rides the waves of sects

• **The Pharisees**

The Pharisees arose around 160~143 B.C. Pharisees meant "Consecrated people", and to them, consecration meant studying the Law and being set apart from the common people and pagan customs. As the largest denomination of Judaism, it was economically middle-class, with many merchants and traders.

Unlike the Sadducees, they recognized the authority of the entire Old Testament and therefore believed that the study of the Law was true worship. Their emphasis on consecration also made them very interested in the proper observance of the Sabbath, tithing, and chastity. They built and operated synagogues to teach the Torah and developed the Mishnah.

• **The Sadducees**

The Sadducees can be said to be religious aristocrats. They appear to have existed since about 200 B.C. and disappeared when Jerusalem was captured by General Titus in A.D. 70 and the Temple was destroyed. They were the ones who emphasized temple-centered theology. Because

(1) 종파 대두 - 신앙의 갈등은 분파의 파도를 타고

하지 않았습니다. 사두개인은 귀족과 대제사장의 후손들이었고, 특히 지방 행정장관, 재판관, 재정 관리 등의 고위직을 가지고 있었으니 혈통으로나 직업으로나 종교적 귀족들이었다고 할 수 있습니다.

• 에세네파

에세네파의 명칭에 대한 기원은 알려져 있지 않지만, 마카비 시대에 형성되었을 가능성이 높습니다. 소멸 시기 또한 불분명하지만 사두개파와 더불어 예루살렘의 함락, 성전의 소멸과 함께 사라졌을 것입니다. 에세네파는 매우 엄격한 수도생활을 통해 금욕주의를 지향했으며 성전예배와 성전제사를 부패한 것으로 간주하기도 하였습니다.

또한 육체적 부활이 아닌, 영혼의 불멸을 믿기도 하는 등 종말론적인 경향을 보였습니다.

(1) The Emergence of Sects - The conflict of faith rides the waves of sects

the Sadducees recognized only the authority of the Pentateuch, they did not accept any other Scripture as the redemption's Word of God, but interpreted the Law literally. They also had a materialistic tendency to deny the afterlife and the resurrection of the body, so of course they did not acknowledge the existence of angels and demons. The Sadducees were descendants of nobles and high priests, and they held high offices, especially local magistrates, judges, and financial officials, so they were religious nobles both by blood and by profession.

• The Essenes

The origin of the name of the Essenes is unknown, but it was likely formed during the Maccabean period. The time of its demise is also unclear, but it would have disappeared with the Sadducees, the fall of Jerusalem, and the destruction of the Temple. The Essenes were very strict in their religious life, oriented towards asceticism, and regarded temple worship and temple sacrifices as corrupt. They also showed eschatological tendencies, such as believing in the immortality of the soul rather than the physical resurrection.

(1) 종파 대두 - 우리가 나라를 책임지려 하오

• 열심당

열심당이란 A.D. 6년에 갈릴리 출신의 유다가 로마에 대항한 봉기에 대해 요세푸스가 표현한 용어로서 그들의 종교적인 열심을 지칭한다고 할 수 있습니다. 기본 의미는 '열정적인', '열심 있는'이며, '헌신한 신자', '큰 뜻을 품은 자', '지원자'를 뜻하는 말입니다. 한국어 성경에는 '셀롯'으로(눅 6:15, 행 1:13) 표현했으며 이들을 가리켜 '율법을 충실히 지키고 하나님께 열정적으로 헌신하는 자(행 21:20)'라고 부르기도 하였습니다. 그러나 그들은 B.C. 63년부터 로마의 팔레스타인 지배가 시작되자 처음 지녔던 의미가 다소 변질되어 하나님만이 유대인을 다스릴 권리가 있다는 강한 믿음을 가지고 있었고 애국주의와 종교를 융합시켰습니다(행 5:37).

또한 그들은 로마에 더하여, 그들과 정치적 견해가 다른 이들에게 테러를 감행할 만큼 유대교 신앙과 율법에 대한 열렬한 헌신을 가지고 있었던 사람들입니다. 주로 급진파 바리새인으로 구성되어 있었으며 그들은 무력과 전쟁을 통해 하나님의 뜻을 이루려고 했습니다. 그들은 자신들의 정신적인 조상으로 비느하스와 엘리야를 두고 있는데, 그 이유는 여호와께 대한 열성으로 우상 숭배자들을 몰살시켰던 아론의 손자 비느하스(민 25:7~13; 시 106:28~31)와 만군의 여호와를 위해 열심히 특심했던 엘리야(왕상 19:10)의 투쟁정신을 본받기 위해서였습니다.

(1) The Emergence of Sects - We would be responsible for our country

• The Zealots

The Zealots is the term used by Josephus about the uprising of Judas from Galilee against Rome in A.D. 6 and can be said to refer to their religious zeal. The basic meaning is 'passionate' and "zealous", and it means "devoted believer", "person with great intentions" and "supportive". In the Bible, they are referred to as "the Zealots"(Luke 6:15,Acts 1:13), and they are sometimes referred to as "those who are faithful to the Law and passionately devoted to God"(Acts 21:20).

However, when the Roman rule of Palestine began in 63 B.C., their original meaning was somewhat altered, and they held a strong belief that God alone had the right to rule over the Jews, and they fused patriotism with religion(Acts 5:37). They were also so fervently committed to the Jewish faith and the Law that they carried out terrorism against Rome and those with political views that differed from theirs. It consisted mainly of radical Pharisees, who sought to accomplish God's will through force and war. They count Phinehas and Elijah as their spiritual ancestors to imitate the fighting spirit of Aaron's grandson Phinehas(Num. 25:7~13; Ps. 106:28~31), whose zeal for Jehovah led to the annihilation of idolaters, and Elijah(1 Kings 19:10), who zealously sought out Jehovah of hosts.

(1) 종파 대두 - 우리가 나라를 책임지려 하오

• 헤롯당

헤롯당은 헤롯 왕조와 로마법을 지지하는 유대인들(마 22:16)을 가리키는 말입니다. 주전 37년경 헤롯 대왕이 유다를 다스리면서 시작되었으나 그들이 해체된 시기는 불분명합니다. 이들은 열심당과는 달리 신앙적 집단이 아닌 정치적 집단이었고, 헤롯과 헤롯 왕조를 지지하는 부유하고 정치적 영향력이 큰 유대인들로 이루어져 있었습니다. 따라서 헤롯 안티파스를 팔레스타인의 통치자로 지지했을 뿐 아니라, 헬라화와 외세의 지배를 받아들인 친헬라적 성향을 가진 사람들이었습니다. 또한 이들은 율법에 충실하며 전통을 고수하던 바리새인들과는 정반대의 모습이었지만, 예수를 반대하기 위해 바리새인들과 함께하기도 했습니다(마 22:16; 막 3:6, 12:13).

(1) The Emergence of Sects - We would be responsible for our country

• The Herodians

Herodians refer to the Jews who supported Herod's Dynasty and Roman law (Matthew 22:16). It began around 37 B.C. when Herod the Great ruled Judah, but it is unclear when they were dissolved. Unlike the Zealots, they were a political group, not a religious group, and were consisted of wealthy and politically influential Jews who supported Herod and his dynasty. Thus, not only did they support Herod Antipas as ruler of Palestine, but they were also pro-Hellenic people who accepted Hellenization and foreign domination. They were also the opposite of the Pharisees, who were faithful to the Law and adhered to tradition, but they also joined the Pharisees in opposing Jesus (Matthew 22:16; Mark 3:6; 12:13).

중간사의 변천

종교적 당파들	정치적 당파들
사두개파	마카비안
바리새파	열심당
엣세네파	헤롯당

● The Vicissitudes of the Intertestamental Period

Religious parties	Political parties
The Sadducees	The Maccabean
The Pharisees	The Zealots
The Essenes	The Herodians

중간사 종교적 당파들(1)

바리새파	
존재 시기	-요나단 시대(마카비)에 발생함(B.C. 60~143) -요한 히카르누스 시대에 세력이 약화됨(B.C.134~104) -살로메 알렉산드라 시대에 다시 부활함(B.C. 76)
이름의 의미	"성별된 사람들" -일반 백성으로부터 -율법 연구를 위해 -이방 풍습으로부터
구성	-유대교의 최대 종파 -중산층에 속하며 주로 상인이나 무역상이 많았음
특징	-구약성경 전체(모세오경, 선지서, 성문서)의 권위를 인정하고 율법 연구야말로 참된 예배라고 믿음 -성문 율법과 구전 율법을 모두 받아들임 -안식일, 십일조, 정결례를 바르게 지키는 문제에 큰 관심을 보였으며, 회당(시나고그)을 세우고 운영함 -미쉬나(장로의 유전)를 발전시킴

Religious partisans in the Intertestamental Period(1)

Pharisees	
Period of existence	-occured during the Jonathan's period(Maccabees)(160~143 B.C.) -During the reign of John Hyrcanus Its power was weakened.(134~104 B.C.) -Resurrected in the time of Salome Alexandra(76 B.C.)
Meaning of the name	"Consecrated people " -Distinction from the common people -Distinction for the Study of the Law -Distinction from Gentile Customs
Configuration	-The largest sect of Judaism -Belonging to the middle class, mainly merchants or traders

Feature	-Recognizing the authority of the Old Testament(Pentateuch, Prophets, and Sacred Writings)
	  Believing that the study of the law is true worship
	-Acceptance of both written and oral laws
	-Showing great concern in matters of the proper observance of the Sabbath, tithing, and chastity
	  Established and operated a synagogue
	-Advancing the Mishnah(Heredity of the Elders)

중간사 종교적 당파들(2)

사두개파	
존재 시기	-발생(B.C. 200년 경) -성전의 파괴와 더불어 사라짐(A.D. 70)
이름의 의미	"의로운 사람들" -사독을 지지하는 사람들 -지방 행정 장관, 재판관, 재정 관리자
구성	-귀족정: 대제사장 계열의 부유한 후손 -하스몬 왕조 시대 제사장들의 후손일 가능성이 있었음 -경제적 지위가 생각 만큼 높지 않았을 가능성이 있었음
특징	-모세오경의 권위만을 인정하고 율법을 문자적으로 해석함 -구전 율법(미쉬나)를 구속력 있는 규범으로 받아들이지 않음 -하나님의 섭리를 부정함 -사후 세계와 몸의 부활, 천사와 귀신의 존재를 부정함 -물질주의적 경향이 있었음

Religious Partisans in the Intertestamental Period(2)

Sadducees	
Period of existence	-Around 200 B.C. -Appears to have occurred -Disappeared with the destruction of the temple in A.D. 70
Meaning of the name	"Righteous People" -Supporters of Zadok -Local magistrates, judges,financial managers
Configuration	-Aristocracy: Wealthy descendants of nobles and high priests -Possibly descended from Hasmonite priests -The Possibility that your economic status was not as high as you thought
Feature	-Recognizing only the authority of the Pentateuch A Literal Interpretation of the Law -Not accepting the Oral Law(Mishnah) as a standard of redemption. -Denying God's Providence -Denying the afterlife and the resurrection of the body, Denying the existence of angels and demons -Materialistic tendencies

중간사 종교적 당파들(3)

	에세네파
존재 시기	-마카비 시대에 형성 되었을 가능성이 높음 -소멸 시기는 불분명하나 예루살렘의 함락과 함께 소멸되었을 가능성이 높음(A.D.68~70)
이름의 의미	-이름의 기원은 알려져 있지 않음
구성	-유대 지방의 방방곡곡에 산재함 (쿰란 공동체도 포함되었을 가능성이 높음) -당시 에세네파는 3,000명이 넘었음(요세푸스)
특징	- 매우 엄격한 금욕주의(수도생활) - 성전 예배와 성전 제사를 부패한 것으로 간주하여 거부함 - 육체적 부활이 없는 영혼불멸을 믿음 - 종말론적인 경향을 보임

Religious partisans in the Intertestamental Period(3)

The Essenes	
Period of existence	-Likely formed during the Maccabean period -The date of its demise is unclear, but it is likely that it was extinguished with the fall of Jerusalem in A.D. 68~70
Meaning of the name	-The origin of the name is unknown
Configuration	-scattered throughout Judea (likely including the Qumran community) -There were more than 3,000 people in The Essenes(Josephus)
Feature	-A very strict asceticism(religious life) -Rejection of temple worship and temple sacrifices as corrupt -Believing in the immortality of the soul without the physical resurrection -Showing apocalyptic tendencies

중간사 정치적 당파들(1)

열심당	
존재 시기	-출현시기 ①헤롯 대왕 시대(B.C. 37) ②로마에 대한 반란(A.D. 6) ③하시딤 또는 마카비가의 등장(B.C.168경) -예루살렘 멸망 때 사라짐(A.D. 70~73)
이름의 의미	-로마에 대항하여 갈릴리 출신의 유다가 이끈 유대인 봉기(A.D. 6)에 관하여 요세푸스가 사용한 용어로 이들의 종교적 열심을 지칭함
구성	-급진파 바리새인으로 구성됨
특징	-하나님만이 유대인을 다스릴 권리가 있다는 강한 믿음 외에는 대체로 바리새인과 비슷함 -애국주의와 종교를 융합시킴 -로마에 더하여, 그들과 정치적 견해가 다른 이들에게 테러를 저지름 -순교를 각오할 정도로 유대교 율법에 헌신하며 열렬히 신앙을 신봉함

Political partisans in the Intertestamental Period(1)

The Zealots	
Period of existence	-Timing of emergence ①The time of Herod the Great(37 B.C.) ②Revolt against Rome(6 A.D.) ③The rise of the Hasidim or Maccabees(c 168 B.C.) -Destroyed in Jerusalem(A.D. 70~73)
Meaning of the name	-A term used by Josephus in reference to the Jewish uprising of A.D. 6 led by Judas of Galilee against the Romans, referring to their religious zeal.
Configuration	-Composed of radical Pharisees
Feature	-Generally similar to the Pharisees, except for a strong belief that God alone has the right to rule over the Jews -Fusing Patriotism and Religion -Committing terrorism against Rome and those with political views that differ from their own. -Ardent devotion to the Jewish faith and the Law to the point of preparation for martyrdom

중간사 정치적 당파들(2)

헤롯당	
존재 시기	-헤롯 대왕과 더불어 시작됨(B.C. 37) -소멸 시기는 불분명함
이름의 의미	-헤롯 왕가의 통치자들에 대한 지지에서 유래됨
구성	-헤롯 안디바를 팔레스타인의 통치자로 지지하는 부유하고 정치적으로 영향력 있는 유대인들
특징	-신앙적 집단이 아닌 정치적 집단 -헤롯과 헤롯 왕조를 지지함 -헬라화를 받아들임 -외세의 지배를 받아들임

Political partisans in the Intertestamental Period(2)

The Herodians	
Period of existence	-Begun with Herod the Great in 37 B.C. -The timing of its demise is unclear
Meaning of the name	-Derived from support for the rulers of Herod's royal family
Configuration	-Wealthy and politically influential Jews support Herod Antipas as ruler of Palestine
Feature	-Political groups, not religious groups -Supporting Herod and the Herod Dynasty -Embracing Hellenization -Accepting Foreign Domination

성경에 나오는 성전들

	연대	설명	관련 구절
솔로몬 성전	B.C. 966-586	다윗이 계획함 솔로몬이 건설함 느부갓네살이 파괴함	삼하 7:1-29 왕상 8:1-66 렘 32:28-44
스룹바벨 성전	B.C. 516-169	스룹바벨이 구상함 스룹바벨과 유대인 장로들이 건설함 안티오쿠스 에피파네스가 더럽힘	스 6:122 스 3:1-8; 4:1-14
헤롯 성전	B.C. 19-A.D.70	스룹바벨의 성전을 헤롯 대왕이 재건함 로마 티투스 장군이 파괴함	막 13:2, 14-23 눅 1:11-20; 2:22-38; 2:42-51; 4:21-24 행 21:27-33

Temples in the Bible

	Period	Explanation	Related Verses
Solomon's Temple	B.C. 966-586	-David's Plan -Built by Solomon -Nebuchadnezzar destroys	2 Samuel 7:1-29 1 Kings 8:1-66 Jeremiah 32:28-44
Zerubbabel's Temple	B.C. 516-169	-Conceived by Zerubbabel -Built by Zerubbabel and the Jewish elders -Antiochus Epiphanes defiled the temple	Ezra 6:122 Ezra 3:1-8; 4:1-14
Herod's Temple	B.C. 19-A.D.70	-Zerubbabel's Temple Rebuilt by Herod the Great -Destroyed by Roman General Titus	Mark 13:2, 14-23 Luke 1:11-20; 2:22-38; 2:42-51; 4:21-24 Acts 21:27-33

열강 속의 히브리인 총리

인물	나라	성경
요셉	애굽 힉소스왕조 (세누스리트)	창세기 41:41
다니엘	바빌론-메대 느브갓네살- 다리오 (바사왕 고레스의 장인)	다니엘 6:2
모르드개	바사 (아하수에로)	에스더 8:2

Hebrew Prime Minister among the Great Powers

Person	Country	Bible
Joseph	Egypt Hyksos dynasty (Senusrit)	Genesis 41:41
Daniel	Babylon-Medes Nebuchadnezzar- Darius (father-in-law of Cyrus the Persian)	Daniel 6:2
Mordecai	Persia (Ahasuerus)	Esther 8:2

히브리 달력(1)

시기	종교력	민간력	양력	가나안식	바빌론식	절기(날짜)
우기	1월	7월	3-4월	아빕	니산	유월절(14일) 무교절(15~21일)(7일간) 초실절(안식 후 첫날)
	2월	8월	4-5월	시브	이아르	칠칠절(맥추절)
	3월	9월	5-6월		시반	오순절 (초실절 후 50일째 되는 날)
	4월	10월	6-7월		담무스	
	5월	11월	7-8월		아브	
	6월	12월	8-9월		아브	

Hebrew calendar(1)

Period	Religious Calendar	Folk calendar	solar calendar	Canaanite Calendar	Babylonian calendar	Feasts(date)
Rainy Season	1	7	Mar-Apr	Abib	Nisan	-Passover(14th) -The Feast of Unleavened Bread (15~21 days (7 days) -Feast of First Fruit (the first day after Sabbath)
	2	8	Apr-May	Shiv	Iyyar	-The Feast of Weeks (Harvest Festival)
	3	9	May-Jun		Shivan	-Pentacoast (50th day after Feast of First Fruit)
	4	10	Jun-Jul		Tammuz	
	5	11	Jul-Aug		Av	
	6	12	Aug-Sep		Av	

히브리 달력(2)

시기	종교력	민간력	양력	가나안식	바빌론식	절기(날짜)
건기	7월	1월	9-10월	에다님	티쉬리	나팔절(1일) 대속죄일(10일) 초막절 15-21일(7일간)
	8월	2월	10-11월	불	헤쉬반	
	9월	3월	11-12월		기슬레브	수전절 25일부터(8일간)
	10월	4월	12-1월		테벳	
	11월	5월	1-2월		쉬밧	
	12월	6월	2-3월		아다르	부림절 14-15일

Hebrew calendar(2)

Period	Religious Calendar	Folk calendar	solar calendar	Canaanite Calendar	Babylonian calendar	Feasts(date)
Dry	7	1	9-10	Edanim	Tishri	-Feast of Trumpets(Day 1) -Day of Atonement(10 days) -Feast of Tabernacles 15-21(7 days)
	8	2	10-11	Bul	Heshvan	
	9	3	11-12		Ghislev	-The Feast of Dedication From the 25th day(8 days)
	10	4	12-1		Tebet	
	11	5	1-2		Shivat	
	12	6	2-3		Adar	-Purim 14-15 days

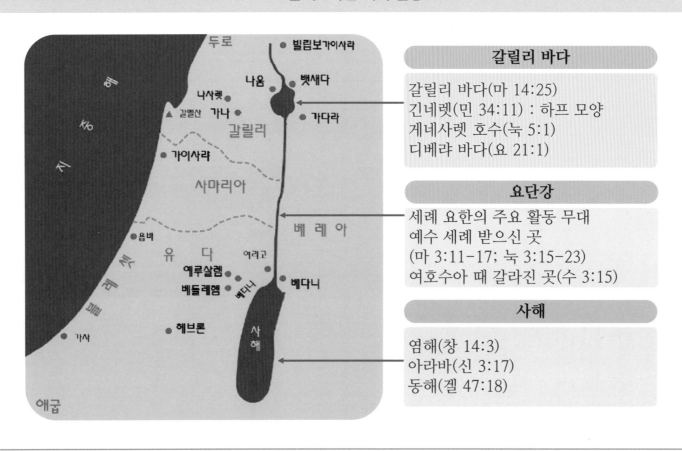

갈릴리 바다

갈릴리 바다(마 14:25)
긴네렛(민 34:11) : 하프 모양
게네사렛 호수(눅 5:1)
디베랴 바다(요 21:1)

요단강

세례 요한의 주요 활동 무대
예수 세례 받으신 곳
(마 3:11-17; 눅 3:15-23)
여호수아 때 갈라진 곳(수 3:15)

사해

염해(창 14:3)
아라바(신 3:17)
동해(겔 47:18)

● Description of the Palestinian Territories

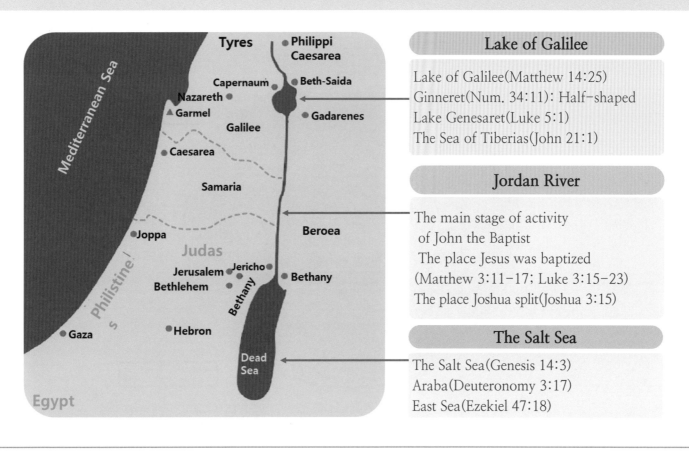

Tyres

Philippi Caesarea

Mediterranean Sea

Capernaum

Beth-Saida

Nazareth

▲ **Garmel**

Gadarenes

Galilee

Caesarea

Samaria

Beroea

Joppa

Judas

Philistine /

Jerusalem   **Jericho**

Bethlehem   **Bethany**

Bethany

s

Gaza   **Hebron**

Dead Sea

Egypt

Lake of Galilee

Lake of Galilee(Matthew 14:25)
Ginneret(Num. 34:11): Half-shaped
Lake Genesaret(Luke 5:1)
The Sea of Tiberias(John 21:1)

Jordan River

The main stage of activity
of John the Baptist
The place Jesus was baptized
(Matthew 3:11-17; Luke 3:15-23)
The place Joshua split(Joshua 3:15)

The Salt Sea

The Salt Sea(Genesis 14:3)
Araba(Deuteronomy 3:17)
East Sea(Ezekiel 47:18)

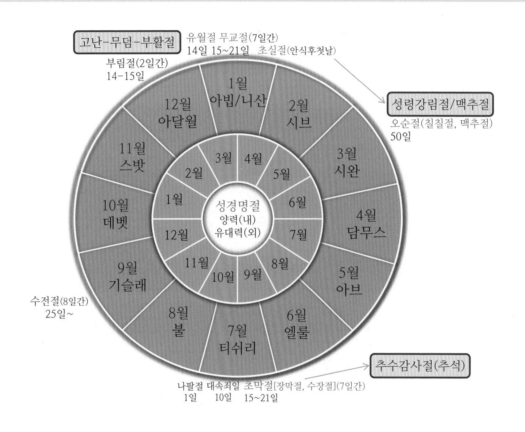

고난-무덤-부활절

유월절 무교절(7일간)
14일 15~21일 초실절(안식후첫날)

부림절(2일간)
14-15일

성령강림절/맥추절

오순절(칠칠절, 맥추절)
50일

1월
아빕/니산

2월
시브

12월
아달월

3월
시완

11월
스밧

4월
담무스

10월
데벳

성경명절
양력(내)
유대력(외)

9월
기슬래

5월
아브

수전절(8일간)
25일~

8월
불

7월
티쉬리

6월
엘룰

추수감사절(추석)

나팔절 대속죄일 조막절[장막절, 수장절](7일간)
1일 10일 15~21일

중심 원: 3월 4월 5월 6월 7월 8월 9월 10월 11월 12월 1월 2월

Feasts in the Bible

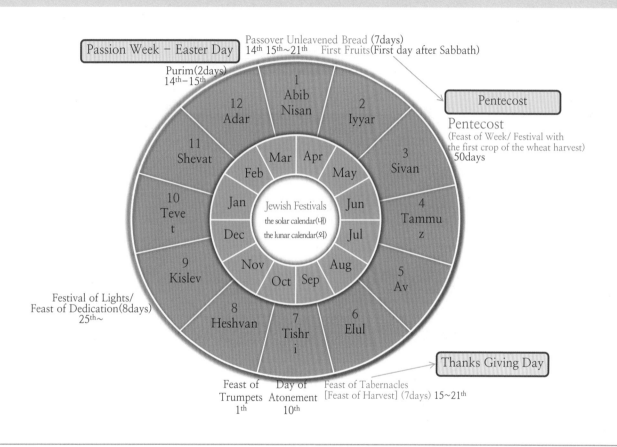

Passion Week – Easter Day

Passover Unleavened Bread (7days)
14th 15th~21th   First Fruits(First day after Sabbath)

Purim(2days)
14th–15th

Pentecost

Pentecost
(Feast of Week/ Festival with
the first crop of the wheat harvest)
50days

1
Abib
Nisan

12
Adar

2
Iyyar

11
Shevat

3
Sivan

Mar Apr
Feb   May

10
Teve
t

Jan   Jun

Jewish Festivals
the solar calendar(내)
the lunar calendar(외)

4
Tammu
z

Dec   Jul

9
Kislev

Nov   Aug

5
Av

Oct Sep

Festival of Lights/
Feast of Dedication(8days)
25th~

8
Heshvan

7
Tishr
i

6
Elul

Thanks Giving Day

Feast of
Trumpets
1th

Day of
Atonement
10th

Feast of Tabernacles
[Feast of Harvest] (7days) 15~21th

세바스티아노 콘카(1680-1764)의 <예루살렘 성전의 알렉산더 대왕>, 1736년경. 프라도 미술관 소장.

III. 하나님의 계획
God's Plan

Arent de Gelder(1645-1727)의 <첫 번째 부림절 편지를 쓰는 에스더와 모르드개>, 1675년. 부에노스아이레스 국립미술관 소장.

1. 헬레니즘, 삶으로 들어오다
Hellenism, Coming into the Life

(1) 문화 - 헬레니즘의 문화란?

　헬레니즘 문화란 페르시아 문화와 그리스 문화가 합쳐져서 완성된 문화로서 알렉산더 대왕의 지배 시기, 그리고 장소와 맞물려 있습니다. 헬라 문화와 동양 문화의 융합이라고 보면 될 것입니다. 그래서 이전에 비해 많은 것들이 변화되었습니다.

　이를테면 이전 그리스는 폴리스, 즉 자기를 세계의 시민으로 여겼던 반면 헬레니즘은 국제적인 세계관과 개인주의를 만들어냈습니다. 이것은 예술에도 그대로 영향을 미쳐 리얼리즘이 강화되고 더욱 정교한 예술로 승화되었습니다. 전체 헬레니즘 문화의 특징을 통합한다면 반대편 문화를 공유하는 혼합주의(상대주의)와 개인주의의 강화라고 볼 수 있으며, 결국 이 헬레니즘 문화는 단순히 그리스나 로마에만 영향을 준 게 아니라 유럽, 더 나아가 전 세계 문화까지 영향을 미치는 것이 되었습니다. 또한 종교적으로는 헬레니즘의 사상적 영향을 받은 영지주의가 후에 기독교를 대적하는 이단으로 대두하기도 했습니다.

(1) Culture - What is Hellenistic culture?

Hellenistic culture is a fusion of Persian and Greek cultures that coincides with the time and place of Alexander the Great's reign. You can think of it as a fusion of Greek and Eastern cultures. So a lot of things have changed compared to before.

For example, whereas the former Greeks regarded themselves as citizens of the polis, or worlds, Hellenism created a cosmopolitan worldview and individualism. This had an impact on the arts, where realism was strengthened and sublimated into more sophisticated art. If we combine the characteristics of the entire Hellenistic culture, it can be seen as a reinforcement of syncretism(relativism) and individualism that share the opposite culture, and in the end, this Hellenistic culture influenced not only the Greeks and Romans, but also the cultures of Europe and the whole world. Religiously, Gnosticism, influenced by Hellenistic ideas, later emerged as a heresy against Christianity.

헬레니즘과 헤브라이즘

구분	헬레니즘	헤브라이즘
근원지	그리스	이스라엘
신관	인간 중심적인 혼합주의	하나님 중심적인 유일신
특징	논리적인 인간의 이성 중심	계시적인 신앙 중심
영향력	과학과 각종 철학에 영향을 주었으며 혼합주의와 개인주의를 발달시킴	신중심적 유대교와 기독교에 영향을 줌

Hellenism and Hebraism

Classification	Hellenism	Hebraism
The land of origin	Greece	Israel
View of God	Human-centered syncretism	God-centered monotheism
characteristics	The center of logical human reason	Revelatory Faith-Centered
The power of influence	influenced science and philosophy and developed syncretism and individualism	Influenced God-centered Judaism and Christianity

(2) 언어 - 신약성경의 언어들

구약성경이 히브리어로 기록된 건 당연한 일이겠지요. 유대인이 썼으니까요. 그렇다면 신약성경 역시 유대인이 썼으니 히브리어일까요? 놀랍게도 신약성경은 헬라어(그리스어)로 기록되었답니다. '코이네'라는 그리스어를 통해 하나님의 말씀을 선포한 것이죠. 어떻게 이런 일이 가능 했을까요? 이것 역시 헬레니즘의 영향력입니다.

그리스 문화의 보편화를 통해 제국주의를 완성하려고 했던 알렉산더 대왕은 그의 원정 과정에서 헬라어를 보급시키는 데 앞장섰습니다. 헬라어는 단순하며 특히 생각, 사상을 정확하게 전달하는데 편리했다고 합니다. 대중적으로 사용되었기 때문에 그만큼 전파하고 퍼져 나가기도 쉬웠습니다.

셈족 언어인 아람어는 시리아 유목민들의 언어였을 것이라 추측하고 있으며, 페르시아 제국 공용어였습니다. 아람어는 바빌론 포로 70년을 거치면서 이스라엘 사람들의 일상 언어가 되었습니다.

예수께서도 아람어로 말씀하신 것이 성경에 기록되었지요. 즉, 유대인들에게 아람어는 일상 언어, 헬라어는 낯설지 않은 외국어였다고 보면 되겠습니다. 이 두 언어는 유대인에게 친숙했고, 이것은 결정적으로 성경을 기록하고 구약을 번역하는 등 놀라운 열매로 나타났습니다.

(2) Language - Languages of the New Testament

No wonder the Old Testament was written in Hebrew. It was written by a Jew. So, since the New Testament was also written by Jews, is it Hebrew? Amazingly, the New Testament was written in Greek. They proclaimed the Word of God through the Greek, Koine. How was this possible? This, too, is the influence of Hellenism.

Alexander the Great, who sought to complete imperialism through the universalization of Greek culture, took the lead in spreading the Greek language during his campaign. The Greek language is said to be simple and especially convenient for accurately conveying thoughts and ideas. Because it was popularly used, it was easy to spread and spread as well.

Aramaic, a Semitic language, is believed to have been the language of the Syrian nomads and was the official language of the Persian Empire. Aramaic became the everyday language of the Israelites during the 70 years of Babylonian captivity. It is recorded in the Bible that Jesus spoke in Aramaic. In other words, for the Jews, Aramaic was an everyday language, and Greek was a familiar foreign language. These two languages were familiar to the Jews, and this proved to be a marvelous fruit, decisively, in the writing of the Bible and the translation of the Old Testament.

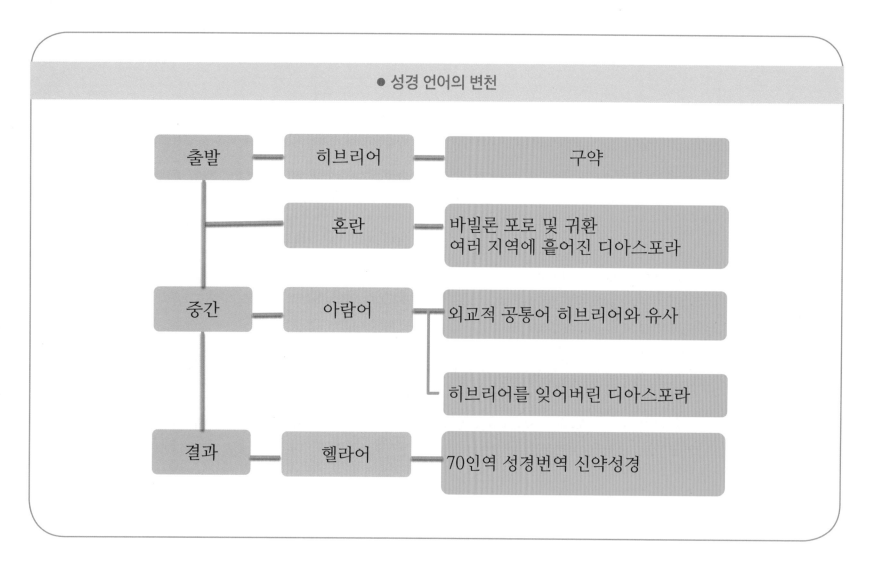

● 성경 언어의 변천

출발	히브리어	구약
중간	혼란	바빌론 포로 및 귀환 여러 지역에 흩어진 디아스포라
중간	아람어	외교적 공통어 히브리어와 유사
		히브리어를 잊어버린 디아스포라
결과	헬라어	70인역 성경번역 신약성경

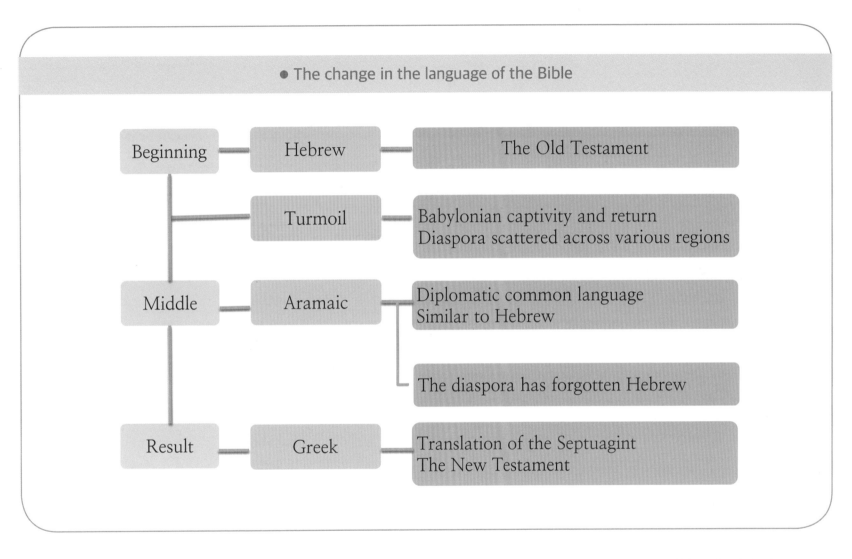

The change in the language of the Bible

Beginning	Hebrew	The Old Testament
	Turmoil	Babylonian captivity and return Diaspora scattered across various regions
Middle	Aramaic	Diplomatic common language Similar to Hebrew
		The diaspora has forgotten Hebrew
Result	Greek	Translation of the Septuagint The New Testament

(3) 철학 - 바울과 헬레니즘 철학

사도행전 17장 23절에는 사도 바울이 '알지 못하는 신'을 언급하였지요. 사도 바울이 전도를 하면서 복음이 얼마나 중요한지를 증거한 건 그 당시의 종교와 철학들에 대해서도 잘 알고 있었기 때문이랍니다. 오늘날까지도 영향을 미치는 당시 철학자들과 학파를 함께 공부해 보실까요?

헬레니즘 문화의 중요한 특징 중 하나는 혼합주의과 개인주의의 강조였습니다. 철학에서도 이와 비슷한 유형이 그려집니다. 원래 그리스 철학의 중심은 논리와 탐구를 기반으로 한 이념이었으며 로고스와 윤리 같은 것들이 중요했습니다. 헬레니즘 철학은 이 바탕 위에 개인적인 평화, 스스로 삶에 책임을 지는 것 등을 더하였습니다.

대표적으로 스토아 철학을 들 수 있는데, 이 스토아주의는 금욕주의를 통한 자기 통제, 내면의 평화를 강조하였습니다. 반면에 쾌락주의라고도 불리는 에피쿠로스 학파는 인간 내면의 행복과 만족을 강조했습니다. 헬레니즘 철학을 대변하는 큰 두 줄기의 강이라고 볼 수 있는데, 외적인 방법은 달라 보이지만 스토아 철학과 에피쿠로스 철학의 공통점은 '개인(자기 발견과 성장, 개인적 책임감, 개인의 행복)'에 중심이 있었습니다. 이런 헬레니즘 철학은 유럽 전반으로 빠르게 퍼져 나갔으며, 결국 헬레니즘 철학은 현재 인류 역사에까지 큰 영향을 미치게 되었습니다.

(3) Philosophy - Paul and Hellenistic Philosophy

In Acts 17:23, the apostle Paul referred to "an unknown god." The Apostle Paul testified to the importance of the gospel while preaching. He was also familiar with the religions and philosophies of the time. Would you like to study the philosophers and schools of thought of the time that are still influential today?

One of the important features of Hellenistic culture was the emphasis on syncretism and individualism. A similar pattern is drawn in philosophy. Originally, the center of Greek philosophy was an ideology based on logic and inquiry, and things like Logos and ethics were important. Hellenistic philosophy was built on this foundation of personal peace and taking responsibility for one's own life.

A typical example is Stoicism, which emphasizes self-control and inner peace through asceticism. On the other hand, the Epicurean school, also called hedonism, emphasized happiness and satisfaction within the human being. It can be seen as two great rivers representing Hellenistic philosophy, and although they seem to differ outwardly, what Stoic and Epicurean philosophy have in common is that they are centered on the "individual"(self-discovery and growth, personal responsibility, and personal happiness). This Hellenistic philosophy spread rapidly throughout Europe, and eventually had a profound impact on modern human history.

▪ 철학자

소크라테스(B.C. 470-399)	플라톤(B.C. 428-348)	아리스토텔레스(B.C. 384-322)

고대 그리스의 철학자로 플라톤과 아리스토텔레스에게 큰 영향을 준 인물	아테네 출신, 소크라테스의 제자이자 아카데미아의 창시자 절대 불변의 보편적 이데아론 주장	마케도니아 출신, 플라톤의 제자로 알렉산더 대왕을 제자로 두었으며 이데아와 반대인 실제론 주장

▪ 헬레니즘의 양대 학파

스토아학파	에피쿠로스학파
제논(B.C. 355-263)이 창시한 학파, 금욕주의로 아파테이아(부동심 : 어떤 것에도 마음의 동요를 받지 않는 것)에 도달할 수 있다고 보았다.	에피쿠로스(B.C. 341-271)가 창시한 학파, 쾌락주의로 아타락시아(평정심 : 몸에 괴로움도 없고 영혼에 동요도 없는 상태)에 도달할 수 있다고 보았다.

▪ Philosopher

Socrates(B.C. 470−399)

As an ancient Greek hilosopher To Plato and Aristotle People who have had a big impact

Plato(428−348 B.C.)

Born in Athens, disciple of Socrates and founder of the AccademiaAssertion of an absolute and immutable universal ideology

Aristotle(B.C. 384−322)

Born in Macedonia, he was the disciple of Plato and disciplined Alexander the Great, and argued for a theory of reality that was contrary to the Idea

▪ The two major schools of Hellenism

Stoicism

The school was founded by Zenon(355−263 B.C.), With asceticism, he saw that he could attain apatheia (immobility: not being disturbed by anything).

Epicureans

Epicurus(341−271 B.C.) founded the school of hedonism, which held that ataraxia(equanimity: a state in which there is no suffering in the body and no agitation in the soul) can be attained.

João Zeferino da Costa(1840-1915)의 <과부의 두 렙돈>, 1876년. 브라질 국립미술관 소장.

2. 성경의 단위들
Units of the Bible

(1) 화폐 - 경제와 화폐

예수께서 가르치신 비유 중 포도원 품군의 비유를 잘 아시죠?

포도원 주인이 품군과 계약한 삯이 1데나리온이라는 것도 당연히 알고 계실 거구요.

그렇다면 데나리온은 당연히 유대인 화폐 단위겠죠?

오, 이런! 로마 화폐랍니다.

중간사에 이스라엘에 유통된 화폐들을 살펴볼까요?

(1) Economy and Money - Economy and Numismatics Coin

Do you know one of the parables that Jesus taught, the parable of the vineyard?

Of course, you know that the wage contracted by the owner of the vineyard is 1 denarius.

So, the denarius is the Jewish monetary unit, right?

Oh my god! It's Roman currency.

Let's take a look at the currencies that circulated in Israel during the intertestamental period.

성경의 화폐

	명칭	가치	관계성구	한국화폐
유대	게바	세겔의 1/20	출 30:13	2만원
	베가	세겔의 1/2	출 38:26	20만원
	세겔	금-은의 15배, 은-일반노동자의 4일 품삯, 달란트의 1/60	대상 21:25, 출 30:24, 삼하 24:24	40만원
	므나	금-은의 15배	눅 19:13-25	5-600만원
	달란트	6,000 데나리온	대상 29:4, 출 38: 27, 마 18:24; 25:15-28	6억원
로마	고드란트	앗시리온의 1/4	마 5:26	1,662원
	앗시리온	데나리온의 1/16	마 10:29	6,250원
	데나리온	하루 품삯(2023년 기준)	마 18:28	10만원
헬라	렙돈	로마 고드란트의 1/2	막 12:42, 눅 21:2	780원
	드라크마	하루 품삯(2023년 기준)	눅 15:8	10만원

The Numismatics of the Bible

	Name	Value	Relationship Scriptures	Currency of South Korea
Judea	Gerah	1/20 of a shekel	Exodus 30:13	20,000 won
	Vega	1/2 of a shekel	Exodus 38:26	200,000 won
	Shekels	20 times of Gerah, 1/60 of Talent	1 Chronicles 21:25, Exodus 30:24, 2 Samuel 24:24	400,000 won
	Mina	20 times of Gerah	Luke 19:13-25	500~6,000,000 won
	Talents	6,000 denarii	1 Chronicles 29:4, Exodus 38:27, Matthew 18:24; 25:15-28	600,000,000 won
Rome	Godrant	1/4 of Assirion	Matthew 5:26	1,662 won
	Assirion	1/16 of a denarjus	Matthew 10:29	6,250 won
	Denarius	Wages per day(as of 2023)	Matthew 18:28	100,000 won
Hellas (Greek)	Mites	1/2 of the Roman Godrant	Mark 12:42, Luke 21:2	780 won
	Drachma	Wages per day(as of 2023)	Luke 15:8	100,000 won

(2) 무게 - 무게의 단위

한국 사회에서는 고기의 무게를 잴 때 "한 근", "두 근", 몸무게나 물건을 잴 때는 g과 kg을 쓰는 것처럼 성경에서도 여러 가지 단위가 등장하고, 그에 따른 가치의 차이가 있습니다. 이번엔 성경에 나타난 무게를 재는 단위의 이름들과 가치, 단위를 한눈에 보기 쉽게 비교할 수 있도록 살펴보겠습니다.

성경에는 현대와 다른 수많은 무게의 단위가 등장하기에 자주 생소한 느낌을 줍니다. 어느 정도의 무게를 이야기하는 것인지 이해하기 쉽지 않기에 이를 현대의 단위와 비교해서 살펴보고자 합니다.

• 세겔

우선 가장 많이 사용하는 무게의 단위인 세겔을 기준으로 살펴보면 다른 무게의 단위를 이해하는 데에도 큰 도움이 되리라고 생각합니다. 1세겔은 가장 작은 무게측정 단위인 게라의 20배 정도로 현대의 무게로는 약 11.5g에 해당합니다. 성경에서의 세겔은 무게 뿐만 아니라 화폐의 단위로 등장하기도 합니다. 사무엘하에서는 다음과 같이 기록합니다. "그 머리털이 무거우므로 연말마다 깎았으며 그 머리털을 깎을 때에 달아본 즉 왕의 저울로 이백 세겔이었더라."(삼하 14:26). 이백 세겔이면 현대의 단위로는 2,300g, 즉 2.3kg 정도입니다.

(2) Weight - Unit of weight

In Korean society, When Many Koreans use to measure of meat, they call it "Han Kun" or "Doo Kun" , but When they use it to measure weight or things, they use it as 'g' or 'kg'. In the same way , there are various units in the Bible, and there are differences in their values. This time, let's take a look at the names, values, and units of weighing units in the Bible so that you can easily compare them at a glance. The Bible often feels unfamiliar because of the many units of weight that are different from modern times. It's not easy to understand how much weight we're talking about, so let's compare it to modern units.

• Shekel

First of all, if we look at the shekel, which is the most commonly used unit of weight, We think it will be very helpful to understand other units of weight. One shekel is about 20 times that of the smallest unit of gravity, the gear, which is equivalent to about 11.5 grams in modern terms. In the Bible, the shekel appears not only by weight , but also as a unit of money. In 2 Samuel we write:

(2) 무게 - 무게의 단위

• 게라

게라는 성경에서 사용된 무게 중 가장 작은 단위로 1/20세겔인데 계산해보면 약 0.57g에 해당합니다(레 27:25, 민 3:47). 이스라엘 율법에는 남자가 20세가 되어 계수에 포함될 때 10게라에 해당하는 속전(속죄금)을 하나님께 드리라고 규정하고 있습니다(출 30:13).

• 베가

베가는 게라의 10배이고, 세겔의 1/2입니다. 출애굽기에서는 '조사를 받은 자가 이십 세 이상으로 육십만 삼천 오백 오십 명인즉 성소의 세겔대로 각 사람에게 은 한 베가 곧 반 세겔씩이라'(출 38:26)라고 기록되어 있습니다.

• 빔

빔은 2/3 세겔로, 현재의 단위로는 7.6g 정도를 이야기합니다.

(2) Weight - Unit of weight

"And his hair was heavy, and he shaved it at the end of the year, and when he shaved it, he weighed it at two hundred shekels in the king's scales."(2 Samuel 14:26). Two hundred shekels is equivalent to 2,300 grams, or 2.3 kilograms, in modern terms.

• Gerah

Gerah is the smallest unit of weight used in the Bible, which is 1/20th of a shekel, which is equivalent to about 0.57 grams(Leviticus 27:25; Num. 3:47). Israelite law stipulates that when a man reaches the age of 20 and is included in the count,

he must give a ransom(the money for the redemption) equal to 10 gerahs to God(Exodus 30:13).

• Beka

Beka is 10 times the size of the gerahs , and 1/2 of the shekel. In the book of Exodus, it is written, "one Beka per person, that is, half a shekel, according to the sanctuary shekel, from everyone who had crossed over to those counted, twenty years old or more, a total of 603,550 men."(Exodus 38:26).

(2) 무게 - 무게의 단위

• 리트라

리트라(근)는 30세겔 정도의 무게를 가지고 있으며 약 345g으로 환산할 수 있습니다.

• 므나

성경에서는 므나를 '마네'라고 기록하기도 합니다. 므나는 약 575g정도인 50세겔 정도의 무게를 나타냅니다. 이는 1달란트의 1/60이기도 하며 성경에서는 "또 쳐서 늘인 금으로 작은 방패 삼백을 만들었으니 매 방패에 든 금이 삼 마네라 왕이 이것들을 레바논 나무 궁에 두었더라"(왕상 10:17) 이렇게 기록되어 있으며, 이를 통해 매 방패마다 약 1,800g 정도의 금이 함유되었음을 알 수 있습니다.

• 달란트

달란트는 세겔의 3,000배이고 므나의 60배로, 현재의 단위로는 약 34,500g, 즉 34.5kg을 이야기합니다. 예수께서는 달란트 비유에서 주인이 자신의 재산을 종들에게 맡기고 타국으로 떠났다고 말씀하십니다(마 25:14 이하). 주인은 각각의 종

(2) Weight - Unit of weight

• **Beam**

The beam is 2/3 shekels, which is about 7.6 grams in today's units.

• **Litra**

Litra weighs about 30 shekels and can be converted to about 345 grams.

• **Mina**

In the Bible, the mina is also written as 'mane'. Mina weighs about 50 shekels, which is about 575 grams. This is also 1/60th of a talent, and the Bible says, "He also made three hundred small shields of hammered gold, with three minas of gold in each shield. The king put them in the Palace of the Forest of Lebanon." (1 Kings 10:17), which shows that each shield contained about 1,800 grams of gold.

• **Talents**

A talent is 3,000 times of the shekel and 60 times of the mina, which is about 34,500 grams, or 34.5 kilograms, in today's terms. In the Parable of the Talents, Jesus tells us that the master left his property to his servants and departed for a

(2) 무게 - 무게의 단위

들에게 다섯 달란트, 두 달란트, 한 달란트를 맡기는데, 한 달란트가 금 34.5kg이라면 다섯 달란트 맡은 종은 총 172.5kg의 금을 투자 받은 것이라고 할 수 있습니다. 현재의 가치로 금 한 돈(3.5g)이 약 17만 원 정도임을 감안한다면 정말 어마어마한 금액을 맡기신 것입니다.

하나님께서는 벨사살 왕이 하나님의 저울에 달려 무게가 부족함이 드러났음을 보이시며 벨사살 왕의 시대가 끝났다는 의미를 담아 '메네 메네 데겔 우바르신(단 5:26)'이라고 하였습니다. 이처럼 하나님께서는 지금도 우리의 행위를 달아 보시는 분이십니다. 그러한 하나님의 저울 앞에 우리가 가진 믿음의 무게가 혹시 바람에 나는 겨(시 1:4)와 같지 않은 지 돌아보며, 날마다 두렵고 떨림으로 하나님께 나아가는 은혜가 있기를 바랍니다.

(2) Weight - Unit of weight

foreign land(Matthew 25:14ff.). The master entrusts each servant with five talents, two talents, and one talent, and if one talent is 34.5 kilograms of gold, the servant who is entrusted with the five talents has a total investment of 172.5 kilograms of gold. Considering that one dollar(3.5 grams) of gold at its current value is about 170,000 won, you have entrusted a huge amount of money.

God showed that King Belshazzar was not enough to weigh in God's scales, and called him "Mene, Mene, Tekel, Parsin"(Dan. 5:26), signifying the end of King Belshazzar's time. In this way, God is still weighing our actions. May we have the grace to approach God with fear and trembling every day, reflecting on whether the weight of our faith is not the same as that of chaff that the wind blows away(Psalm 1:4) before God's scales.

성경의 무게

명칭	가치	영미식 단위	미터법 단위
게라	20분의 1세겔	50분의 1온스	0.6g
베가	20분의 1세겔 or 1게라	5분의 1온스	5.7g
빔	3분의 2세겔	3분의 1온스	7.6g
세겔	2베가	5분의 2온스	11.5g
근(리트라)	30세겔	12온스	0.4g
므나	50세겔	1.25파운드	0.6g
달란트	3000세겔, 60므나	75파운드, 88파운드	34kg/ 40kg

Units of weight in the Bible

Name	Value	An Anglo-American unit of weight	Metric units
Gerah	1/20 of a shekel	1/50 oz	0.6g
Beka	1/20 shekel or 1 gerah	1/5 oz	5.7g
Beam	2/3 shekel	1/3 oz	7.6g
Shekels	2 Beka	2/5 oz	11.5g
A catty(litra)	30 shekels	12 oz	0.4g
Mina	50 shekels	1.25 pound	0.6g
Talents	3000 shekels, 60 minas	75 pound, 88 pound	34kg/ 40kg

(3) 부피 - 부피 단위

밀가루 한 말, 보리 한 되와 같이 부피를 재는 단위가 성경에는 총 11개로 나와서 이것을 일일이 읽으며 이해하기는 많이 힘들 수 있습니다. 더욱이 고체와 액체를 지칭하는 명칭과 그 단위가 각각 조금씩 차이가 있어서 정확한 단위와 그 의미를 우리가 이해하는 데에 다소 힘들 수 있는데, 이러한 사실을 일목요연하게 살펴보고자 합니다.

유대인들은 고체와 액체를 지칭하는 명칭이 구분되어 있었습니다. 그래서 성경에 부피에 관련된 구절이 등장하면 이해하기 어려웠던 것입니다.

이 장에서는 고체와 액체 각각의 부피에 대해 어떻게 다른 지, 구체적으로 명칭, 관련 성구들을 살펴보도록 하겠습니다.

(3) Volume - Units of volume

There are a total of 11 units in the Bible that measure the volume of flour and barley, so it can be very difficult to understand by reading them one by one.

Moreover, the names and units representing solids and liquids are slightly different, making it difficult for us to understand the exact units and their meanings. So we're going to figure out the units of volume.

The Jewish people had separate units of solid and liquid. That's why it's hard to understand the units of volume in the Bible.

In this chapter, we're going to look at how the volumes of solids and liquids differ, specifically their names, and related Biblical accounts.

(3) 부피 - 고체

고체의 부피 단위는 성경에 총 6개로 기록되어 있는데, "갑, 오멜, 스아, 에바, 반호멜, 호멜"입니다. 이제부터 하나씩 살펴보도록 하겠습니다.

• 갑

갑은 열왕기하에 등장합니다. 아람왕 벤하닷의 군대는 사마리아를 오랫동안 포위했기 때문에 사마리아 성의 백성은 크게 주리게 되고 합분태(비둘기 똥) 사분의 일 갑이 은 다섯 세겔에 거래되는 일들이 발생합니다(왕하 6:25). 1갑은 현재의 단위로는 1.30ℓ, 혹은 0.66되입니다. 1.5ℓ 페트병의 4/5 정도에 해당한다고 생각하면 쉽게 이해할 수 있습니다.

• 오멜

오멜은 출애굽기에 등장합니다. '…너희 인수대로 매명에 한 오멜씩 취하되…'(출 16:16) 오멜은 현재의 단위로는 2.34ℓ, 그리고 1.2되를 나타냅니다.

(3) Volume - Solid

There are six units of volume of solids recorded in the Bible: 'Cap, Omer, Shea, Ephah, 1/2 Homel and Hormel.' Let's take a look at them one by one.

• Cab

It appears in the Book of 2 Kings. Because the army of the Aramaic king Benhadad besieged Samaria for so long, the people of the city of Samaria were greatly hungry, and a quarter of a pack of pigeon dung was traded for five shekels of silver. "There was a great famine in the city; the siege lasted so long that a donkey's head sold for eighty shekels of silver, and a quarter of a cab of seed pods for five shekels"(2 Kings 6:25). One Cab is 1.30 liters, or 0.66 doe(in Korea), in today's units. It's easy to understand when you think of it as equivalent to about 4/5 of a 1.5L PET bottle.

• Omer

An omer appears in the book of Exodus. "⋯ This is what the LORD has commanded: 'Each one is to gather as much as he needs. Take an omer for each person you have in your tent."(Exodus 16:16) An omer is 2.34L in today's units, and 1.2 doe<in Korea>.

(3) 부피 - 고체

• 스아

스아는 주로 가루와 곡식의 측량에 사용되었던 단위입니다. 스아는 약 7.33ℓ 혹은 4도 정도의 부피를 말합니다. 스아의 단위가 기록된 곳은 창세기 18장인데 아브라함은 천사를 대접하기 위해 급히 떡을 굽습니다. '아브라함이 급히 장막에 들어가 사라에게 이르러 이르되 속히 고운 가루 세 스아를 가져다가 반죽하여 떡을 만들라 하고'(창 18:6) 아브라함은 약 12되 정도의 가루로 떡을 반죽했음을 알 수 있습니다.

• 에바

에바는 밀가루와 보리의 양을 측량하는 데 사용되었으며, 출애굽기 16장에 등장합니다. "오멜은 에바 십분의 일이더라"(출 16:36) 하나님께서는 출애굽한 이스라엘 백성을 만나로 먹이십니다. 백성은 항아리 하나에 한 오멜의 만나를 담아 증거판 앞에 두어 간수해야 했습니다. 즉, 10오멜은 1에바였고, 현재의 단위로는 22ℓ, 혹은 12되를 뜻합니다.

(3) Volume - Solid

• Seah

Seah is a unit that was mainly used for measuring powder and grain. Seah refers to a volume of about 7.33 liters. The unit of seah is recorded in Genesis 18, where Abraham quickly bakes rice cakes to serve angels. 'So Abraham hurried into the tent to Sarah.' "Quick," he said, "get three seasons of fine flour and knead it and bake some bread."(Genesis 18:6), Abraham kneaded the rice cake with a powder of about three seahs.

• Ephah

Ephah was used to measure the amount of flour and barley, and appears in chapter 16 of the Exodus. "An omer is one tenth of an ephah"(Exp. 16:36) God feeds the Israelites in the exodus with manna. The people had to put Omer's manna in a jar and keep it in front of the tablets of the Testimony. That is, 10omer was 1 ephah, which means about 22 liters in the current unit.

(3) 부피 - 고체

• 반호멜

반 호멜은 110ℓ, 혹은 6말 정도의 부피를 뜻합니다. 성경에는 호세아 3장에 기록되어 있습니다. 하나님께서는 바람난 (cheat) 호세아의 아내를 한 호멜 반의 보리로 다시 데려오라고 명령하십니다(호 3:2). 이스라엘 백성은 하나님을 반역했으나 하나님께서는 끝까지 그들을 사랑하셨습니다. 호세아의 아내가 그를 배신했으나 계속적으로 데려와야 했던 까닭은 하나님의 애타는 사랑에 대한 상징이었습니다.

• 호멜

호멜은 나귀 한 마리에 실을 정도의 크기나 부피를 의미합니다. 현재의 단위로는 220ℓ 혹은 12말을 뜻합니다. 이는 에스겔 45장에서 하나님께 드리는 예물의 부피로 사용됩니다.

(3) Volume - Solid

• 1/2 Homer

1/2 Homer means 110 liters, or about 6 mal(Korean says). In the Bible, it is recorded in Hosea chapter 3. God commands Hosea's cheating wife to be brought back to the barley of a Homer class(Hosea 3:2). The Israelites rebelled against God, but God loved them to the end. Hosea's wife betrayed him, but he had to keep bringing him back because it was a symbol of God's tender love.

• Homer

A Homer means the size or volume of a donkey. In today's terms, this means 220 liters, or 12 Mal(Korean says). It is used as the volume of the gift to God in Ezekiel 45.

(3) 부피 - 액체

액체의 부피로는 록, 갑, 힌, 밧, 고르 등이 있습니다.

• 록

록은 액체의 가장 작은 단위로서 0.31ℓ 혹은 1.65홉을 말합니다. 레위기에는 '··· 기름 한 록을 취할 것이요'(레 14:10)라고 기록되어 있습니다.

• 갑

갑은 1.3ℓ, 0.66되로 고체의 갑과 같은 부피라고 볼 수 있습니다. 열왕기하 6장 25절에서 갑의 단위를 사용한 기록이 있습니다.

• 힌

'찧은 기름 힌의 사분 일을 더하고···'(출 29:40) 여기에서 힌은 현대의 단위로는 3.67ℓ, 2되를 뜻합니다.

(3) Volume - Liquid

The volume of liquid is Log, Cab, Hin, Baths, Cors, etc.

• Log

A Log is the smallest unit of liquid, which is 0.31 liters or 1.65 hops. In Leviticus '… It is recorded as 'one log of oil'

• Cab

The Cab is 1.3 liters and 0.66 Doe, which is the same volume as the solid cab. In 2 Kings 6:25, there is a record of the use of the unit of the cab.

• Hin

"With the first lamb offer a tenth of an ephah of fine flour mixed with a quarter of a hin of oil from pressed olives, …"(Exodus 29:40), where the hin is 3.67L, or 2 doe in Korea, in modern terms.

(3) 부피 - 액체

• 밧

열왕기상에는 솔로몬 성전의 기물로서 놋을 부어 만든 바다가 소개됩니다(왕상 7:26). 이 바다에는 2,000밧을 담았다고 기록되어 있는데, 밧은 22ℓ, 2되를 말합니다.

• 고르

마지막 액체의 단위는 고르입니다. "기름은 정한 규례대로 한 고르에서 십 분의 일 밧을 드릴지니 기름의 밧으로 말하면 한 고르는 십 밧 곧 한 호멜이며(십 밧은 한 호멜이라"(겔 45:14). 여기에서 고르는 현대의 단위로는 220ℓ, 12말이라는 엄청난 부피를 의미합니다.

* 고체의 부피나 액체의 부피를 지칭하는 단위와 기준은 각기 다르지만, 하나님께서는 말씀을 통해 정확한 하나님의 뜻을 계시하시고 그 뜻대로 이루시는 분이심을 우리가 잊지 말아야 합니다. 그리고 그 어떤 단위나 기준으로도 측량할 수 없는 하나님의 은혜와 사랑이 우리에게 있다는 사실을 기억하며 그 은혜에 합당한 삶을 살도록 노력해야 할 것입니다.

(3) Volume - Liquid

• Bath

In the Book of Kings, we are introduced to a sea of brass as a piece of Solomon's temple(1 Kings 7:26). It is recorded that this sea contained two thousand baths, which is 22 liters, or 2 doe in Korea.

• Cor

The unit of the last liquid is Cor. "The prescribed portion of oil, measured by the bath, is a tenth of a bath from each cor(which consists of ten baths or one homer, for ten baths are equivalent to a homer(Ezek. 45:14)", which means that in modern terms, it is 220 liters, or in 12 mal in Korea.

* Although there are different units and standards for the volume of solids and liquids, we must not forget that God is the one who reveals His exact will through His Word and fulfills His will.

And we should try to live up to God's grace, remembering that we have God's grace and love that cannot be measured by any unit or standard.

성경의 부피

	명칭	체적		관계성구
고체	갑	1.3ℓ	0.66되	왕하 6:25
	오멜	2.34ℓ	1.2되	출 16:16
	스아	7.33ℓ	4되	창 18:6
	에바	22ℓ	12되	출 16:36
	반호멜	110ℓ	6말	호 3:2
	호멜	220ℓ	12말	레 27:16, 겔 45:11-14
액체	록	0.31ℓ	1.65홉	레 14:10
	갑	1.3ℓ	0.66되	왕하 6:25
	힌	3.67ℓ	2되	출 29:40
	밧	22ℓ	12되	왕상 7:26
	고르	220ℓ	12말	겔 45:14

The Volume of the Bible

	Name	Volume		Relationship Scriptures
Solid	Cab	1.3ℓ	0.66doe	2 Kings 6:25
	Omer	2.34ℓ	1.2doe	Exodus 16:16
	Seah	7.33ℓ	4doe	Genesis 18:6
	Ephah	22ℓ	12doe	Exodus 16:36
	1/2 homer	110ℓ	6mal	Hosea 3:2
	Homer	220ℓ	12mal	Leviticus 27:16, Ezekiel 45:11-14
Liquid	Log	0.31ℓ	1.65hop	Leviticus 14:10
	Cab	1.3ℓ	0.66doe	2 Kings 6:25
	Hin	3.67ℓ	2doe	Exodus 29:40
	Baths	22ℓ	12doe	1 Kings 7:26
	Cor	220ℓ	12mal	Ezekiel 45:14

(4) 길이 - 길이 설명

얼마나 길고, 얼마나 멀까요?

요즘처럼 길이를 재는 '자'가 없고, 거리를 측정하는 도구들도 많이 없던 시절에는 자연적, 원시적인 방법으로 길이와 거리를 측정하였습니다. 이것이 성경에도 여러 군데 등장하는데 구약성경에 나오는 길이와 거리에 대한 모든 명칭들과 그 가치를 현대식 단위로 해석하여 한 눈에 볼 수 있도록 살펴보고자 합니다.

우리가 잘 아는 진시황은 중국을 통일한 이후 가장 먼저 도량형과 화폐를 통일하였습니다. 길이, 부피, 무게 등을 측정하는 기준이 지역마다 국가마다 개인마다 모두 달라 여러 가지 어려움을 겪었기 때문입니다. 통일국가에서 이것은 커다란 혼란을 야기했습니다. 상황은 고대 근동도 마찬가지였습니다. 당시에는 사람의 신체를 기준으로 길이를 측정하는 경우가 대다수였기 때문입니다. 성경에 나타난 길이와 거리의 단위들은 어떤 것들이 있을까요?

· 규빗

규빗은 모든 길이 단위의 기준이라고 할 수 있습니다. 규빗은 창세기에서 노아가 방주를 지을 때 가장 먼저 등장합니다. "네가 만들 방주는 이러하니 그 길이는 삼백 규빗, 너비는 오십 규빗, 높이는 삼십규빗이라"(창 6:15) 하나님께서는 규빗의

(4) Length - Description of Length

How long and how far will it be?

In the days when there were no "rulers" to measure the length, and there were not many tools to measure distances, length, and distance were measured by natural and primitive methods. This appears in many places in the Bible, and I would like to take a look at all the names of length and distance in the Old Testament and their values in modern terms so that you can see them at a glance.

Qin Shi Huang, as we know him, was the first to unify weights and measures, and money after the unification of China. This is because the criteria for measuring length, volume, weight, etc., vary from region to region, country to country, and individual to individual, which has led to various challenges. In a unified state, this caused great turmoil. The situation was the same in the ancient Near East. This is because, at that time, the length was mostly measured based on the human body. What are the units of length and distance in the Bible?

• Cubit

A cubit can be said to be the basis for all-length units. The cubits appear first in Genesis when

(4) 길이 - 길이 설명

단위를 통해 직접 방주의 설계를 지시하십니다. 한 규빗은 성인의 팔꿈치에서 손가락 끝까지 약 0.5m를 의미합니다.

• 뼘

"길이와 너비가 한 뼘 씩 두 겹으로 네모 반듯하게 하고"(출 28:16) 뼘(span)은 1/2 규빗으로 제사장의 의복을 만들 때 등장합니다. 팔꿈치에서 팔꿈치 중간까지의 길이로 23~25cm 정도를 의미합니다.

• 손바닥 너비

가장 작은 단위는 손바닥의 너비를 기준으로 합니다. 1/6 규빗 혹은 1/3 뼘이라고 하면 생각하기 편할 것입니다. 손가락 가장 아랫마디부터 손목 위까지의 길이를 이야기하는 것으로 약 8cm 정도입니다. 출애굽기에서는 성막의 진설병상을 만들 때 등장하는 단위입니다. "그 주위에 손바닥 너비만한 턱을 만들고 그 턱 주위에 금으로 테를 만들고"(출 25:25)

(4) Length - Description of Length

Noah builds an ark. This is how you are to build it: The ark is to be 450 feet long, 75 feet wide, and 45 feet high.(Genesis 6:15) God directs the design of the ark directly through the unit of the cubits. One cubit means about 0.5 meters from an adult's elbow to the tip of his finger.

• Span

"It is to be square-a span long and a span wide- and folded double."(Exodus 28:16) A span appears when you make a priest's garment out of half-cubits. It is the length from the elbow to the middle of the elbow, which means about 23~25cm.

• A handbreadth wide

The smallest unit is based on the handbreadth wide One-sixth cubit or one-third of span would be easy to think about. It's about 8cm long, from the lowest joint of the finger to the top of the wrist. In Exodus, it's a unit that appears when you make the tables on which is the bread of the Presence of the Tabernacle. "Also make around it a rim a handbreadth wide and put a gold molding on the rim." (Exodus 25:25)

(4) 길이 - 길이 설명

• 길

길(fathom)은 규빗보다 큰 단위인데 물의 깊이를 측량할 때 사용한 단위로서 약 4규빗에 해당하고 현대의 단위로는 약 2m 정도입니다. 사도행전에서는 풍랑을 만난 바울의 배가 물의 깊이를 잴 때 등장합니다. "물을 재어 보니 스무 길이 되고 조금 가다가 다시 재니 열다섯 길이라"(행 27:28)

• 갈대

갈대(kalamos)는 6규빗을 의미합니다. '또 내게 지팡이 같은 갈대를 주며 말하기를 일어나서 하나님의 성전과 제단과 그 안에서 경배하는 자들을 측량하되'(계 11:1) 요한계시록에서 성전을 측량하는 단위로 갈대가 등장합니다. 현대의 단위로는 3m 정도입니다.

• 스다디온

스다디온은 헬라의 길이측정 단위입니다. 1/8 밀리온, 400규빗이라고 볼 수 있으니 현대의 길이로는 185m 정도입니다.

(4) Length - Description of Length

• Fathom

A fathom is a unit larger than cubits, a unit used to measure the depth of water, equivalent to about 4 cubits, and about 2m in modern units. In the Acts , it appears when Paul's ship meets the storm and measures the depth of the water. "They took soundings and found that the water was a hundred and twenty feet deep. A short time later they took soundings again and found it was ninety feet deep."(Acts 27:28)

• Reed

The reed(kalamos) means 6 cubits. "I was given a reed like a measuring rod and was told, Go and measure the temple of God and the altar, and count the worshipers there."(Revelation 11:1). In Revelation, reeds emerge as a unit of measurement for the temple. It's about 3 meters in modern units.

• Stadia

The stadia is the Greek unit of measurement of length. At 1/8 million, or 400 cubits, it is about 185 meters long in modern times.

(4) 길이 - 길이 설명

"성 밖에서 그 틀이 밟히니 틀에서 피가 나서 말 굴레에까지 닿았고 천육백 스다디온에 퍼졌더라"(계 14:20)

• 밀리온

밀리온은 스다디온의 8배를 의미합니다. 이는 로마에서 사용된 단위인데 로마 시민의 보폭에 해당하는 거리의 1천 배로써 약 1,500m를 의미합니다.

"내 주 하나님 넓고 큰 은혜는 저 큰 바다보다 깊다…"(찬송가 302장)라고 고백하였던 것처럼 측량할 수 없는 하나님의 사랑은 우리로 하여금 변함없으신 주님의 사랑을 생각하며 감사할 수 있게 해줍니다. 비록 하늘나라 가기까지의 길이는 길고 멀지만 하나님께서 우리를 구원하시기 위해 좁은 문, 좁은 길로 인도하신다는 사실을 기억하며 천국 소망 가운데 하루하루를 감사의 삶으로 살아가는 은혜가 있기를 바랍니다.

(4) Length - Description of Length

"They were trampled in the winepress outside the city, and blood flowed out of the press, rising as high as the horses' bridles for a distance of 1,600 stadia."(Revelation 14:20).

• **Million**

A million means 8 times as many as a stadia. This is the unit used in Rome, which is 1,000 times the distance of a Roman citizen, which is about 1,500 meters.

"My Lord God, your grace is wider and greater than that great sea(Hymn 302)", as I confess like this, The immeasurable of God makes us grateful toward His unfailing love. Although the road to heaven is long and long, I hope that we will have the grace to live a life of gratitude every day in the hope of heaven, remembering that God leads us through a narrow gate and a narrow path to save us.

성경의 길이 및 거리

명칭	가치	영미식 단위	미터법 단위
손바닥 너비	6분의 1규빗 or 3분의 1뼘	3인치	8센티미터
뼘(span)	2분의 1규빗 or 세 손바닥 너비	9인치	23센티미터
규빗/ 페퀴스	두 뼘(팔꿈치에서 손가락 끝까지)	18인치	0.5미터
길(fathom)	4규빗	2야드	2미터
갈대(kalamos)	6규빗	3야드	3미터
스다디온	8분의 1밀리온 or 400규빗	8분의 1마일	185미터
밀리온	8스다디온	1620야드	1.5킬로미터

Length and distance of the Bible

Name	Value	Anglo-American units	Metric units
Palm width	1/6 cubit or 1/3 cubit	3inch	8cm
Span	1/2 cubit or three times palm idths	9inch	23cm
Cubit Pesquis	Two spans (from elbow to fingertips)	18inch	0.5m
Length (Fathom)	4 cubits	2yards	2m
Reed (Klamos)	6 cubits	3yards	3m
Stadia	1/8 million or 400 cubits	1/8mile	185m
Million	8 stadia	1620yards	1.5km

(5) 시간 - 유대와 로마의 시간은 달라요

성경에 기록된 시간은 한 가지 시간이 아니고, 로마와 유대 시간으로 나뉘어 있습니다. 그리고 낮과 밤을 다르게 사용하고 있습니다.

그래서 우리가 쓰고 있는 현대의 시간과 비교해 보면 다르게 나타나기 때문에 이해하기가 어려울 수밖에 없습니다. 그래서 성경에 나타난 시간에 관한 말씀과 함께 로마식 시간과 유대식 시간과 현대의 시간을 한눈에 구분해서 살펴보겠습니다.

신약 시대에는 로마식과 유대식이 혼용되어 사용되었습니다. 요한복음은 로마의 시간으로 기록되었고, 공관복음은 유대시간으로 기록되었습니다. 현대는 로마식의 시간법을 따르고 있기 때문에 요한복음을 읽을 때에는 아무런 문제가 없습니다. '이날은 유월절의 준비일이요. 때는 제육시라'(요 19:14) 예수께서는 빌라도 법정에서 재판을 당하던 때의 시각인 6시는 지금의 시간으로도 오전 6시입니다. 예수께서는 재판 이후 3시간 동안 십자가를 지고 골고다로 올라가셨습니다.

오전 9시에 십자가에 못 박히셨고 6시간 후인 오후 3시에 운명하셨습니다.

(5) Times - Times in Judea and Rome are different

The time recorded in the Bible is not one kind of time, it's divided into Roman and Jewish times. The Bible uses day and night differently.

So it's hard to understand because the times recorded in the Bible are different compared to the modern times we're writing. So let's take a look at the Roman time and the Jewish time and the modern time at a glance with the Bible's words about time.

In the New Testament era, Roman and Jewish times were used interchangeably.

The Gospel of John is recorded in Roman time and the Gospel of Communion is recorded in Jewish time. There's nothing wrong with reading the Gospel of John because modern times follow the Roman way of course. 'It was the day of Preparation of Passover Week, about the sixth hour. "Here is your king," Pilate said to the Jews.'(John 19:14) At 6 a.m., the time when Jesus was tried at the Pilate Court, it is 6 a.m. as it is 6 a.m.

Jesus carried the cross up the hill of Golgotha for three hours after the trial. Jesus was crucified at 9 a.m. and died six hours later at 3 p.m.

(5) 시간 - 유대와 로마의 시간은 달라요

우리를 헷갈리게 하는 것은 공관복음 마태 마가, 누가에 등장하는 시간입니다. 그런데 유대 시간도 어렵지 않게 이해할 수 있습니다. 유대의 시간은 현재의 시간과 6시간의 차이가 있습니다. 따라서 공관복음을 읽을 때 유대의 시간에 6을 더하면 현대의 시간으로 바뀌게 됩니다. '때가 제 삼시가 되어 십자가에 못 박으니라'(막 15:25)에 등장하는 제 3시는 6을 더해 오전 9시로 이해하면 됩니다. 예수께서 십자가에 못 박히신 시간은 3시이고(유대 시간), 현대와 6시간 차이가 나므로 6을 더하면 현대의 시간으로 9시가 됩니다. 이는 요한복음에 기록된 9시와 동일합니다.

또한 유대는 낮과 밤을 구분해서 낮은 '시'로, 밤은 '경'으로 표현했습니다. 유대인들은 일몰에서 다음 날 일몰까지를 하루로 생각했습니다. 그 하루는 밤과 낮으로 구분했는데 밤은 해가 지는 오후 6시부터 해가 뜨는 오전 6시까지, 낮은 해가 뜨는 오전 6시부터 해가 지는 오후 6시까지로 나누어 사용한 것입니다. 특히 밤을 3시간 단위로 4등분하여 사용했습니다. 그 시간을 경이라고 부르는 것입니다. 1경은 해가 지는 오후 6시에서 오후 9시까지, 2경은 오후 9시~12시까지, 3경은 12시~새벽 3시까지, 새벽 3시~새벽 6시까지는 4경이었습니다.

(5) Times - Times in Judea and Rome are different

What confuses us is the time that appears in the Gospels of Matthew, Mark, and Luke. But Jewish time is easy to understand. The time in Judea is six hours apart from the current time. And so when we read the Gospel of Communion, we add six to the Jewish time and it turns into the modern time The 3 o'clook in "It was the third hour when they were cruised he."(Mark 15:25) is understood as 9 a.m. with six added. The time Jesus was crucified is three o'clock(Jewish time), and it's six hours apart from modern times, so if you add six, it's nine o'clock in modern times. This is the same as the nine o'clock recorded in the Gospel of John.

Judea also distinguished day and night, and expressed it as "time" during the day and "watch of the night." The Jews thought of sunset as a day from sunset to sunset the next day. The day was divided into night and day, and night was divided from 6 p.m. when the sun sets to 6 a.m. when the sun rises, and from 6 a.m. when the low sun rises to 6 p.m. when the sun sets. In particular , chestnuts were divided into four parts in three hours. That time is called watch of the night. The first watch of the night is from 6 p.m. to 9 p.m. when the sun sets, the second watch of the night is from 9 p.m. to 12 p.m., The third watch of the night is from 12 a.m. to 3 a.m., It was the fourth watch of the night until 3 a.m.~6 a.m.

(5) 시간 - 유대와 로마의 시간은 달라요

예를 들어, 마가복음 6장에서는 예수께서 물 위를 걸으시는 장면이 기록되어 있습니다. '바람이 거스르므로 제자들이 힘겹게 노 젓는 것을 보시고 밤 사경 쯤에 바다 위로 걸어서 그들에게 오사 지나가려고 하시매'(막 6:48). 여기서 밤 사경은 새벽 3시에서 6시까지이므로 예수께서 물 위를 걸어오셨던 시간은 해뜨기 전 가장 어두운 시간이었습니다. 그 시간에 예수께서는 제자들을 찾아오신 것입니다.

(5) Times - Times in Judea and Rome are different

For example, in chapter 6 of the Gospel of Mark, we see Jesus walking on water. 'He saw the disciples straining at the oars, because the wind was against them. About the fourth watch of the night, he went out to them, walking on the lake. He was about to pass by them' (Mark 6:48). Here, the fourth watch of the night is from 3 a.m. to 6 a.m., so the time when Jesus walked on the water was the darkest before sunrise. At that time, Jesus visited his disciples.

성경의 시각

로마식(요한복음)	유대식(공관복음)	시간(현대)	성경
제 6시	제 0시	오전 6시	요 19:14
제 9시	제 3시	오전 9시	마 20:3
제 10시	제 4시	오전 10시	요 1:39
제 12시	제 6시	오전 12시	마 20:5
제 3시	제 9시	오후 3시	마 20:5
제 5시	제 11시	오후 5시	마 20:6
제 6시	제 12시	오후 6시	요 4:6

The Bible's hour

Roman(Gospel of John)	Jewish(Synoptic Gospels)	Time(Modern)	Bible
6 o'clock	0 o'clock	6 a.m.	John 19:14
9 o'clock	3 o'clock	9 a.m.	Matthew 20:3
10 o'clock	4 o'clock	10 a.m.	John 1:39
12 o'clock	6 o'clock	At noon	Matthew 20:5
3 o'clock	9 o'clock	3 p.m.	Matthew 20:5
5 o'clock	11 o'clock	5 p.m.	Matthew 20:6
6 o'clock	12 o'clock	6 p.m.	John 4:6

성경의 시각

유대식 (구약시대)	유대식 (신약시대, 공관복음)	로마식 (요한복음)	성경
초경 (해 질 때~오후 10시)	일경(저물 때) (해 질 때~오후 10시)	오후 6시~오후 9시	눅 12:38
이경 (오후 10시~오전 2시)	이경(밤 중) (오후 10시~오전 1시)	오후 9시~오후 12시	눅 12:38
	삼경(닭 울 때) (오전 1시~오전 4시)	오후 12시~새벽 3시	눅 12:38
삼경 (오전 2시~ 해 뜰 때)	사경(새벽) (오전 4시~해 뜰 때)	새벽 3시~새벽 6시	마 14:25

Biblical Times

Jewish (Old Testament times)	Jewish (New Testament Times, Synoptic Gospels)	Roman (Gospel of John)	Bible
The Beginning of Watch (When the sun goes down~10 p.m.)	The first watch of the night (When the sun goes down~10 p.m.)	6 p.m.~9 p.m.	Luke 12:38
The second watch of the night (10 p.m.~2 a.m.)	The second watch of the night (10 p.m.~1 a.m.)	9 p.m.~12 a.m.	Luke 12:38
	The third watch of the night (1 a.m.~4 a.m.)	12 a.m.~3 a.m.	Luke 12:38
The third watch of the night (2 a.m.~sunrise)	The fourth watch of the night (4 a.m.~sunrise)	3 a.m.~6 a.m.	Matthew 14:25

헤르브란트 반 덴 에크하우트(1621-1674)의 <나사렛 회당의 예수 그리스도>, 1658년. 아일랜드 국립미술관 소장.

3. 혼란으로 빚은 열매
Fruits made out of confusions

(1) 회당 - 회당에 대해 알아볼까요?

성경에 성전과 함께 많이 나오는 장소 중 하나가 회당이라는 건 웬만한 그리스도인이라면 다 아는 사실입니다. 하지만 회당이 중간사의 산물이라는 사실까지 알기는 그리 쉽지 않은 일이죠.

구약의 이스라엘은 솔로몬 왕 이후 북 이스라엘과 남 유다로 갈라집니다. 그리고 다시 이 두 나라들은 차례대로 앗시리아와 바빌론에 멸망을 당하지요. 결국 이스라엘 백성들의 상당수가 나라를 떠나야 했고 그렇게 흩어진 유대인들이 세운 소규모 공동체를 디아스포라라고 합니다. 성전이 깨졌고, 그들에게는 성전을 대신할 장소가 필요했습니다. 그렇게 그들의 종교 생활을 위해 중요한 모임이 이루어졌던 곳, 그곳이 바로 회당입니다.

회당은 예배, 교육, 회관, 재판 등 삶의 실제 영역에서 다양한 용도로 활용되었습니다. 이방인의 땅에 세워진 유대인의 삶의 터전인 회당은 계속 발전하여 나중에는 유대인들이 있는 동네마다 생겼습니다. 예수께서도 회당에서 말씀을 전하셨고, 사도 바울도 회당에서 전도하는 등 회당은 복음을 증거하는 과정에서도 매우 중요한 역할을 감당하였습니다.

(1) Synagogue - Let's find out about the synagogue

Most Christians know that one of the places that are mentioned in the Bible alongside the temple is the synagogue. But it's not easy to see that synagogues are the product of the historical story of redemption of the Intertestamental Period .

After King Solomon, Israel in the Old Testament was divided into northern Israel and southern Judah. Then again, these two nations are destroyed by Assyria and Babylon in turn. Eventually, many of the Israelites were forced to leave the country, and the small communities established by the scattered Jews are called the Diaspora. The temple was broken, and they needed a place to replace it. It was the synagogue that was the place where important meetings for their religious life took place.

Synagogues have been utilized for a variety of purposes in the practical spheres of life, such as worship, education, halls, and trials. Synagogues, the home of Jewish life in Gentile lands, continued to evolve and eventually sprung up in every Jewish neighborhood. Jesus preached in the synagogues, and the apostle Paul preached in the synagogues, and the synagogues played a very important role in the process of witnessing the gospel.

회당의 주요 계층

구분	특징 및 역할
회당장	회당의 우두머리, 집회 인도자, 회당 건물에 관한 유지와 운용, 보존 책임자 예배 질서와 신성함을 유지하는 책임자 토라(율법)의 낭독과 설교 담당자 선정에 관한 권리자
핫잔 (Hazzan)	회당의 서열 2위, 종교 회의의 지도자, 회당장의 조수로 제반 직무를 수행하고 정리, 기도 암송과 성서 낭독을 맡음
랍비	랍비 학교 졸업자, 안식일에 회당에서 어려운 율법의 부분을 해석하는 교사

The main tiers of the synagogue

Classification	Characteristics and Roles
The synagogue ruler	The head of the synagogue is responsible not only for maintaining, operating, and preserving synagogue buildings but also for maintaining order and sacredness of worship, and has the right to assign Torah readings and sermons.
Hazzan	Hazzan is second in the synagogue and serves as the leader of the religious conference He performed and organized all duties as an assistant in the synagogue, and later was in charge of reciting prayers and reading the Bible.
Rabbi	As a graduate of the rabbi school, the rabbi interpreted and taught the difficult parts of the law in the synagogue on the Sabbath.

(2) 70인역 성경번역 - 아! 어렵다. 어려워

큰 일이네.

내 모국어가 생각이 안나.

점점 잊혀져 가는 히브리어.

그런데 희소식이 있답니다.

그 히브리어 성경을 그리스어로 번역하였어요.

당시 헬레니즘 시대의 디아스포라 유대인들에겐 엄청난 선물인 셈이죠.

(2) The Translation of The Septuagint - Oh, it's hard. It's hard.

I'm in trouble.

I don't remember my mother tongue.

The Hebrew word is getting forgotten.

But I have good news.

Translated from Greek by the Hebrew Bible.

This is a great gift for the Hellenistic Jewish diaspora.

(2) 70인역 성경번역 - 70인역 성경 번역

　신구약 중간사 기간 동안 가장 중요한 일이 무엇인지를 묻는다면, 그리스도인들은 당연히 이렇게 말할 수밖에 없을 것입니다. '구약 70인역 성경 번역!'

　이집트 알렉산드리아에서 70명, 정확하게 말하면 당대에 가장 뛰어난 학자들로 구성된 72명의 사람들이 구약을 헬라어로 번역하였습니다. 가장 오래된 구약성경 번역본으로서 율법서와 역사서, 시가서와 예언서, 4부분으로 나뉘어 있고 개신교가 외경이라고 말하는 것들도 그 안에 있습니다. 이 일이 예수 그리스도의 사역과 복음 증거에 얼마나 엄청난 것이었는지를 논하는 것은 시간이 아까울 정도이지요.

(2) The Translation of The Septuagint - The translation of the Septuagint

When asked what was the most important event during the history of the Intertestamental Period, Christians would naturally have to say this. 'The translation of the Septuagint in the Old Testament'.

In Alexandria, Egypt, 70 men, or to be precise, 72 of the most brilliant scholars of their time, translated the Old Testament into Greek. It is the oldest translation of the Old Testament, divided into four parts: the Law, the History, the Psalms, and the Prophets, and it also contains what Protestants say is apocryphal. It would be a waste of time to discuss how tremendous this was for the ministry of Jesus Christ and The Witness of the Gospels.

(2) 70인역 성경번역 - 70인역 성경 번역

　우선 원래 구약 성경은 고대 히브리어로 기록되어 있어서 웬만한 사람들은 읽을 수 없었습니다. 그런데 당시 최고 학자들을 통해 사회적으로 널리 통용되고 있는 헬라어로 번역된 구약이 그들 앞에 존재하게 된 것입니다. 초대교회 전도에 있어서도 이미 의미적으로도 일관되게 이해되는 헬라어 구약 성경이 있음으로 인해 통일성 있는 복음 증거가 가능했습니다. 신약성경에 인용되어 기록한 구약의 말씀 중 상당수도 바로 70인역 구약성경에서 나온 것입니다.

　신구약 중간사가 온 세상의 구원과 복음 증거를 위해 미리 준비하신 하나님의 빛나는 침묵의 시기이지만, 그 중에서도 가장 극찬할 수밖에 없는 것은 70인역 성경 번역이라고 하겠습니다.

(2) The Translation of The Septuagint - The translation of the Septuagint

First of all, the original Old Testament was written in ancient Hebrew and could not be read by most people. However, the Old Testament, translated into Greek, which was widely used socially by the best scholars of the time, came into existence before them. In the evangelism of the early church, the presence of the Greek Old Testament, which was already understood semantically and consistently, made it possible to bear a unified gospel witness. Many of the Old Testament quotations in the New Testament come from the Septuagint.

The history of the Intertestamental Period is a time of brilliant silence prepared by God for the salvation of the whole world and the witness of the gospel, but the most highly praised of them all is the translation of the Septuagint.

● 성경 정경화 과정의 출발

구 약

- 39권
- A.D. 90~100년경
- 얌니아 랍비 회의(이스라엘)

가톨릭	유대교	개신교
70인역 54권을 사용하다가 트렌트 종교회의에서 (1546년,이탈리아) 외경 7권만 정경으로 채택하여 현재 46권을 사용	얌니아 회의에서 3가지 기준 ①반드시 히브리어 원본이 있어야 함 ②율법서여야 함 ③예언자적인 영감에 의해서 기록된 것. 54권 중 15권을 뺀 39권 만을 인정함	루터 종교개혁 후, 외경을 제외한 39권을 정경으로 채택

신 약

- 27권
- A.D. 397년, 카르타고 공의회(튀니지)결정
- A.D. 419년, 최종 확정 (개신교, 카톨릭)

● The Process of Canonization of the Bible

 **Old Testament**

- 39 Books
- Approx. A.D. 90~100
- Council of Jamnia Rabbi(Israel)

Catholicism	Judaism	Protestantism
After using 54 chapters of the Septuagint, The Council of Trent(1546, Italy) selected 7 chapters from the Apocrypha to be a part of the cannon and therefore 46 chapters are used	Using three guidelines from the Council of Jamnia ①Must have the original Hebrew copy ②Must be from the Torah ③Must be written from the inspiration of a prophet acknowledges only 39 chapters as the canon, excluding 15 chapters from the original 54 chapters	After The Reformation, Luther selects 39 chapters as the Canon, excluding the Apocrypha

 **New Testament**

- 27 Books
- A.D. 397, Councils of Carthage(Tunisia) Decide
- A.D. 419, Final version determined(Protestantism, Catholicism)

맺는 글

하나님의 빛나는 침묵(1)

지금까지 살펴본 것처럼 신구약중간사는 이스라엘의 입장에서 보면 매우 암울한 기간이었습니다. 유럽의 급변하는 정세 사이에서 그 중간에 위치한 이스라엘이 정치 사회적으로 큰 변화와 어려움을 당했던 기간입니다. 국가적으로는 외세의 침입과 압력에 의해 정치적 자주권을 상실하였습니다. 이스라엘 민족에게 가장 중요한 것은 성전과 율법이었지만, 정치적 자유를 잃어버린 상황에서는 이것마저도 깨지게 되었습니다. 결국 견디기 힘든 종교적인 수난의 시대였다고 볼 수 있겠습니다.

하지만 이처럼 정치적, 종교적으로 당한 이스라엘의 고통만이 중간사의 특징은 아니었습니다. 오히려 하나님께서는 그 전까지 수많은 선지자들을 통해 이스라엘을 향해 말씀하셨던 여호와의 왕 되심을 이제 만방에 드러내시려고 준비하셨습니다. 이를 위해 예수 그리스도를 통한 생명 얻는 복음을 이스라엘에 태동시키고, 메시아로 인한 복음을 전 세계에 퍼뜨리시며 역사를 주관하시며 예비하셨습니다. 대표적인 예로 여러 나라에 흩어진 디아스포라와 회당, 무엇보다 구약을 헬라어로 번역하게 하심은 복음이 로마와 지금의 세계 전체에 확장되게 하기 위해 예비하신 엄청난 일이 아닐 수 없습니다. 그렇기에 신구약 중간사는 복음의 탄생을 위한 빛나는 시기라고 할 수 있습니다.

Conclusion

The Radiant Silence of God(1)

As we have seen, the story of redemption of the Intertestamental Period was a very dark and dull period from Israel's point of view. It is a period during which Israel, located in the middle of the rapidly changing situation in Europe, has faced significant political and social changes and difficulties. Nationally, it lost political autonomy due to invasion and pressure from foreign powers. The most important things for the Israeli people were temples and laws, but even this was broken in a situation where political freedom had been lost. After all, it was an unbearable period of religious suffering.

However, this political and religious suffering from Israel was not the only characteristic of the Intertestamental Period . Rather, God has prepared to make it clear that he was king , Jehovah, who had spoken to Israel through many prophets. To this end, he was prepared to be the organizer of history who wanted Israel to have the gospel of obtaining life through Jesus Christ and spread the gospel by Messiah all over the world. As a prime example, the diaspora and synagogues scattered throughout many countries, and above all, the translation of the Old Testament into the Greek language was a tremendous preparation for the Gospel to be extended throughout Rome and the present world. Therefore, the history of the redemption of the Intertestamental Period is a shining time for the birth of the gospel.

맺는 글

하나님의 빛나는 침묵(2)

이 중간사 시기에 있었던 일들 가운데 우리는 국외의 정치적 환경뿐 아니라 이스라엘 국내 상황들, 즉 이스라엘의 왕조와 가문, 그리고 유다 백성을 둘러싸고 있는 종교적, 정치적 당파들과 그 특징들에 대한 내용도 살폈습니다. 국내 사정 역시 외세의 큰 혼란 속에서 중심을 잡지 못하는 고통의 시간들이었습니다. 그래서 이스라엘은 아주 자연스럽게 폐쇄적 유대주의에 균열이 일어났고 메시아의 오심과 성전 회복, 곧 하나님 나라를 갈망하게 된 것이지요. 그리고 그 약속과 기대는 예수의 성육신과 공생애로 성취되었습니다.

이러한 내용들을 살펴볼 때 우리가 놓치지 말아야 할 것은 결국 신구약중간사 400년이라는 세월은 단순한 암흑기가 아니라 예수 그리스도를 통한 구속사, 즉 구원의 주로 이 땅에 오실 메시아를 위해 철저하게 준비된 하나님의 통치 사건이었다는 안목입니다.

빛은 어두울수록 더욱 밝은 존재감을 나타냅니다. 이와 마찬가지로 하나님의 말씀을 전하는 선지자가 없었던 가장 어두웠던 시기에 예수는 이 땅에 생명의 빛으로 내려오신 메시아입니다.

'은총의 기다림'은 결코 헛된 것이 아니었으며, 신구약중간사의 그 묵직한 시간은 빛나는 침묵이 되어 온 세상의 구원으로 찾아 온 것입니다.

The Radiant Silence of God(2)

In the course of events during this historical story of the redemption of the Intertestamental Period, we examined not only the political environment abroad but also the internal situation in Israel, namely, the dynasties and families of Israel, and the religious and political factions surrounding the people of Judah and their characteristics. The domestic situation was also a time of suffering, uncentered amid great turmoil in the foreign world. So Israel, very naturally, cracks in closed Judaism and yearns for the coming of the Messiah and the restoration of the temple, the kingdom of God. That promise and expectation were fulfilled in Jesus' incarnation and public ministry.

What we should not lose sight of when examining these contents is that the 400 years of the history of the Intertestamental Period was not just a dark age, but a reign of God that was thoroughly prepared for the work of redemption through Jesus Christ, that is, the Messiah, who would come to this earth as the Lord of salvation.

The darker the light, the brighter the presence. In the same way, in the darkest of times, when there were no prophets to speak the word of God, Jesus was the Messiah who came down to earth as the light of life.

The 'waiting for grace' was not in vain, and that heavy hour of the Intertestamental Period became a radiant silence that came to the salvation of the whole world.

김연희, 이종호, PPT로 함께 보는 한영 성경통독 개론 신약(OBI성경연구소, 2022)

김연희, 이종호, PPT로 함께 보는 한영 성경통독 개론 구약(OBI성경연구소, 2021)

이종호, 콕 짚어주는 성경풀이(성안당, 2016)

김병국, 신구약 중간사 이야기(도서출판 대서, 2015)

가스펠 서브, 라이프 성경사전(서울: 생명의말씀사, 2012)

조병호, 성경과 5대 제국(통독원, 2011)

박찬수, 한 눈에 들어오는 성경(도서출판 죠에, 2007)

장재일, 유대인월력

References

Kim Yeon-hee, Lee Jong-ho, Viewing with PPT Introduction for the Reading Bible Old Testament (OBI Bible Institute, 2022)

Kim Yeon-hee, Lee Jong-ho Viewing with PPT Introduction for the Reading Bible New Testament (OBI Bible Institute, 2021)

Lee Jong-ho, Explaining the Bible (Seongandang, 2016)

Kim Byung-kook, The Story of the Middle History of the Old and New Testament (Daeseo Book Publishing, 2015)

Gospel Sub, Life Bible Dictionary (Seoul: Words of Life, 2012)

Cho Byung-Ho, The Bible and the Five Empires (Tongdokwon, 2011)

Park Chan-Soo, The Bible at a Glance (Joe Book Publishing, 2007)

Jang Je-il, The Judean Calendar

OBI성경연구소
OBI(Open Bible Institute)

- 번역팀
  - **영 어** | 이대복, 장신웅, 박나엘, 김하은, 이은비
  - **일본어** | 권대안, 장신웅, 中野圭力　　**스페인어** | 김정진
  - **중국어** | 윤원식, 이주희　　**인도어** | 김현정　　**네팔어** | 우제영
- 편집팀 | 권대안, 이상훈, 김종길, 윤필자
  　　　　황문영, 송예성, 김은총, 김한비
- 미술팀 | 김성경, 이샤론, 전용주

- **Team of Translation**
  - **English** | Lee, Dai Bok / Chang, Shin Woong
    Park, Na El / Kim, Ha Eun / Lee, Eun Bee
  - **Japanese** | Kwon, Dae An / Chang, Shin Woong / 中野圭力
  - **Chinese** | Yoon ,Won Shik / Lee, Ju Hee　　**Spanish** | Kim, Jeong Jin
  - **Hindustani** | Kim, Hyun Jeong　　**Nepalese** | Woo, Je Young
- **Team of Edition** | Kwon, Dae An / Lee, Sang Hoon / Kim, Jong Gil
    Yoon, Pil Ja / Hwang, Moon Young
    Song, Ye Seoung / Kim, Eun Chong / Kim, Han Bee
- **Team of Design** | Kim, Sung Kyoung / Lee, Sharon / Jeon, Young Ju